Innovation of Public Policy from
the Perspective of
National Governance Modernization

国家治理现代化视角下的公共政策创新

孙 蕊 ◎ 著

经济管理出版社

图书在版编目（CIP）数据

国家治理现代化视角下的公共政策创新/孙蕊著.—北京：经济管理出版社，2018.9
ISBN 978-7-5096-5789-8

Ⅰ.①国… Ⅱ.①孙… Ⅲ.①公共政策—研究—中国 Ⅳ.①D63-31

中国版本图书馆 CIP 数据核字（2018）第 091975 号

组稿编辑：宋　娜
责任编辑：赵亚荣
责任印制：黄章平
责任校对：董杉珊

出版发行：经济管理出版社
　　　　　（北京市海淀区北蜂窝 8 号中雅大厦 A 座 11 层　100038）
网　　址：www.E-mp.com.cn
电　　话：（010）51915602
印　　刷：三河市延风印装有限公司
经　　销：新华书店
开　　本：720mm×1000mm/16
印　　张：12.75
字　　数：206 千字
版　　次：2018 年 10 月第 1 版　2018 年 10 月第 1 次印刷
书　　号：ISBN 978-7-5096-5789-8
定　　价：98.00 元

·版权所有　翻印必究·

凡购本社图书，如有印装错误，由本社读者服务部负责调换。
联系地址：北京阜外月坛北小街 2 号
电话：（010）68022974　邮编：100836

摘　要

中共十九大报告明确提出"全面深化改革总目标是完善和发展中国特色社会主义制度，推进国家治理体系和治理能力现代化"，这构成了我国现代化进程中的"第五个现代化"，其现代化的程度直接关系到其他"四个现代化"的进一步推进。推进国家治理体系和治理能力现代化，势必要求国家行政决策制度进行突破性变革，公共政策活动必须在国家治理现代化的总体原则下迈上现代化的道路。

本书是在推进国家治理体系和治理能力现代化进程中，主要集中于公共政策研究、创新理论和治理理论的结合交叉研究；以政策内容、政策工具、政策过程和政策网络为研究起点，以国家治理现代化为研究视角，将创新理论、治理理论应用于公共政策领域，分别选取"科技创新政策"和"土地政策"为典型政策，以期丰富国家治理现代化理论，并在公共政策研究中实现突破性创新。本书内容主要为笔者攻读博士学位和从事博士后研究工作期间发表的学术期刊成果，以及"中国博士后科学基金面上项目"和"中国博士后科学基金特别资助项目"研究成果，按照理论构建、实践总结和战略建议展开课题研究，围绕"国家治理现代化视角下的公共政策创新"问题，重点研究三方面内容：

第一，围绕"国家治理现代化视角下的公共政策创新"问题，构建由国家治理现代化、政策网络理论、创新生态体系理论组成的理论框架，由此形成公共政策、创新理论和公共治理三方面的交叉研究。在国家治理现代化背景下研究公共政策创新问题，该理论框架较之以往研究的优势体现在以下三个方面：①国家治理体系和治理能力现代化是一种全新的政治理念，势必要求在国家行政决策和公共政策等重要领域进行突破性变革。②在当前中国特色社会主义现代化建设进入新的发展阶段的历史时期，不同的利益群体已经形成，各种利益冲突日益明显，国家治理体系和治理能力正面临诸多挑战。尤其是信息技术的日益普及与广泛使用，为公共服务提供带来了新的机遇与挑战。在新形势下，构建一个全新的、综合性理论框架成为必然要求。③公共政策创新是构建现代国家治理体系的重要组成部分和提升国家治理能力的重要途径，必须在国家治理现代化的总体原则下实现现代化。

第二，选取我国科技治理领域作为国家治理现代化视角下政策创新的研究重点。中共十八大明确提出"科技创新是提高社会生产力和综合国力的战略支撑，必须摆在国家发展全局的核心位置"，强调要坚持走中国特色自主创新道路，实施创新驱动发展战略。这项研究为笔者博士后期间的研究成果，主要侧重以下三个方面：①着力为科技创新管理体制改革提供新的指引，提出"科技治理体系现代化"的概念，以公共治理理论、创新生态理论和现代化理论为基础，对其概念、内涵、特征与挑战等进行分析，并结合实际提出了影响我国科技治理体系现代化进程的几个关键制约因素，形成推进我国科技治理体系现代化的量化方案，为我国科技创新发展提供科学依据，并指出了科技管理创新的现实方向。②从政策生命周期视角对中国过去35年创新政策模式演变过程展开了讨论，分析了政策问题、政策目标、政策内容和政策特征的动态演化机制，认为中国创新政策经历了"科技管理的市场化改革阶段""自主创新战略及其实施阶段"和"科技创新治理现代化阶段"三种政策模式的交替更迭。研究还发现，中国创新政策模式的演变过程呈现以下特点：重大创新政策的连续性、创新政策各环节的失调性、创新政策生命周期的缩短趋势和层级差异性。③在系统收集整理我国2010~2013年国家层面制定的战略性新兴产业政策的基础上，运用内容分析方法对40项政策样本进行文本量化研究。通过构建"产业发展维度"和"政策支持维度"的二维分析框架，对我国战略性新兴产业政策主题频数进行统计分析，发现我国战略性新兴产业政策具有主题集中、聚焦"创新"、目标规划过溢和需求型政策明显不足等特征，并由此提出若干政策建议。

第三，以创新理论和政策理论为基础，以大数据为依托，以内容分析法、文本量化方法为工具，以一项具体的公共政策为例，将创新理论与公共政策实践相结合进行研究。这项研究是笔者博士期间课题的延续和深入，以一项土地政策（耕地占补平衡政策）为例，从政策总体概括、政策内容、政策主体和政策效果等要素方面，系统研究政策制定和执行过程中存在的问题，并运用政策理论寻求政策根源。具体内容包括：①创新理论与公共政策实践研究——以一项土地政策分析为例；②我国耕地占补平衡政策的成效与局限；③内容分析方法在公共政策研究中的应用；④我国农地非农化乱象中政府角色的政策网络分析；⑤基于政策网络视角的公共政策主体互动模式探究。

通过研究，得出以下研究结论：首先，国家治理现代化理论拓展并深化了公共政策研究；其次，创新理论拓宽了公共政策分析的思路方法；最后，大数据方法在科技创新和公共政策量化研究中得到应用。

目 录

第一章 绪 论 ·· 1

第一节 研究背景 ·· 1
一、推进国家治理现代化是我国社会主义现代化建设和政治发展的必然要求 ·· 1
二、公共政策创新是实现国家治理体系和治理能力现代化的有机组成部分 ··· 2
三、基于公共治理的政策创新是实施创新驱动发展战略的内在要求 ··· 2

第二节 研究方法 ·· 4
一、文献资料分析法 ·· 4
二、内容分析方法 ·· 5
三、调研访谈方法 ·· 5

第三节 研究框架 ·· 6
一、研究思路 ··· 6
二、研究内容概览 ·· 7
三、数据来源 ··· 8

第四节 主要创新点 ··· 9
一、研究视角创新：尝试在国家治理现代化理论框架下研究公共政策创新 ·· 9
二、研究内容创新：构建创新理论、公共政策和治理理论的多元理论框架 ·· 9
三、研究方法创新：结合"大数据"和内容分析法进行政策文本量化研究 ·· 10

第二章 理论基础 …… 11

第一节 国家治理现代化 …… 11
一、治理理论 …… 11
二、国家治理体系 …… 13
三、现代化与良治 …… 14

第二节 政策网络理论 …… 16
一、政策网络理论的产生 …… 16
二、政策网络理论的主要内容 …… 18
三、政策网络理论在本书中的适用性 …… 22

第三节 创新生态体系理论 …… 25
一、创新理论 …… 25
二、创新研究从"创新系统"逐渐走向"创新生态体系" …… 27

第三章 科技治理体系现代化：概念、特征与挑战 …… 29

第一节 "科技治理体系现代化"的概念内涵 …… 29
一、科学、技术与创新的治理问题 …… 29
二、"科技治理体系现代化"概念的提出 …… 30

第二节 "科技治理体系现代化"概念的基本特征 …… 31
一、强调对科学、技术和创新（STI）的治理 …… 31
二、与过去的科技体制改革不同，这个概念强调多主体民主参与 …… 31
三、完善的制度体系是科技治理体系现代化的法制基础 …… 32
四、科技治理体系现代化的目的是利益相关者的长期共赢 …… 32
五、法治化、科学化、民主化、文明化为科技治理体系现代化的标志 …… 32

第三节 影响我国科技治理体系现代化的制约因素 …… 33
一、创新链与资金链的协调问题 …… 33
二、科技创新主体自身的治理体系及能力建设问题 …… 34
三、科技资源配置中的政府与市场的定位与协调问题 …… 34
四、治理过程的公众参与问题 …… 34

五、创新文化、要素流动与协同创新的问题 …………… 35
　第四节　结论与启示 …………………………………………… 35

第四章　政策生命周期视野下的中国创新政策演变 …………… 37
　第一节　创新政策的概念及内涵 ……………………………… 38
　　一、创新政策的概念 ………………………………………… 38
　　二、创新政策的内涵 ………………………………………… 39
　第二节　中国创新政策研究概况 ……………………………… 40
　　一、按照创新政策历史演进研究 …………………………… 40
　　二、以政策效力和类别为基本维度 ………………………… 41
　　三、基于政策工具的视角 …………………………………… 41
　　四、探寻创新政策理论基础的演变轨迹 …………………… 41
　第三节　中国创新政策的演变过程、模式及周期性规律 …… 42
　　一、政策生命周期理论分析与模型构建 …………………… 42
　　二、中国创新政策的演变过程 ……………………………… 44
　　三、中国创新政策的模式分析 ……………………………… 45
　　四、中国创新政策演变的周期性规律 ……………………… 47

第五章　大数据背景下的公共政策量化研究：以我国战略性新兴产业政策为例 ……………………………………………… 51
　第一节　战略性新兴产业政策回顾和样本选择 ……………… 52
　　一、相关文献回顾 …………………………………………… 52
　　二、战略性新兴产业政策的样本选择 ……………………… 52
　第二节　二维分析框架的构建 ………………………………… 53
　　一、产业发展维度 …………………………………………… 53
　　二、政策支持维度 …………………………………………… 54
　第三节　政策文本的内容分析单元编码 ……………………… 55
　　一、政策文本编码 …………………………………………… 55
　　二、提炼政策内容主题词 …………………………………… 55
　第四节　频数统计分析 ………………………………………… 56
　第五节　研究发现 ……………………………………………… 56
　　一、政策主题词相对稳定和集中 …………………………… 56

二、"创新"始终是政策关注的焦点 …………………………… 59
三、目标规划类政策数目众多 ………………………………… 60
四、需求型政策明显不足 ……………………………………… 60

第六节 讨论与启示 ………………………………………………… 61
一、不同的产业发展阶段需要与之相适应的不同的
产业政策 …………………………………………………… 61
二、政府推动与市场拉动对战略性新兴产业发展同样
重要 ………………………………………………………… 62

第六章 创新理论与公共政策实践研究：以一项土地政策分析为例 …………………………………………………… 65

第一节 耕地占补平衡政策背景 ………………………………… 65
第二节 耕地占补平衡政策内涵 ………………………………… 66
一、耕地占补平衡的含义 ……………………………………… 67
二、耕地占补平衡政策的含义 ………………………………… 67
第三节 国内耕地占补平衡政策的研究现状 …………………… 69
一、有关耕地占补平衡的相关研究 …………………………… 69
二、有关耕地占补平衡政策的相关研究 ……………………… 71
第四节 现有研究的不足 ………………………………………… 72
第五节 进一步的研究方向 ……………………………………… 73

第七章 我国耕地占补平衡政策的成效与局限 …………………… 75

第一节 耕地占补平衡政策效果评价 …………………………… 75
一、数量平衡政策的效果（1997~2003年）………………… 76
二、数量—质量平衡政策的效果（2004~2010年）………… 78
三、数量—质量—生态平衡政策的效果（2011年至今）…… 80
第二节 耕地占补平衡政策的积极效果 ………………………… 81
一、耕地占补平衡政策在一定程度上抑制了耕地减少 …… 81
二、耕地占补平衡政策为我国科学用地提供一定的保障 … 82
三、耕地占补平衡政策调整土地利用方式，相应地带来社会结构的逐步变化 ……………………………………… 82
四、耕地占补平衡政策是我国土地管理上的深刻变革 …… 82

五、耕地占补平衡政策在客观上逐渐影响着人们的
土地观念 ··· 83
第三节 耕地占补平衡政策效果的局限性 ································· 83
一、"只占不补""多占少补"等违法用地现象未根本
遏制 ·· 84
二、"占优补劣"进一步引发生态恶化 ································· 84
三、"先占后补"容易加剧社会不公 ···································· 85
第四节 对策建议 ··· 85
一、实现多元政策目标的协调有序是决定耕地占补平衡政策未
来走向的前提条件 ·· 85
二、整合优化政策内容是完善耕地占补平衡政策的
关键环节 ·· 86
三、地方政府的角色转变是扭转耕地占补平衡政策执行偏差的
有效途径 ·· 86
四、建立公众参与机制是耕地占补平衡政策的必然选择 ······ 87

第八章 内容分析方法在公共政策研究中的应用 ······················· 89
第一节 政策内容分析样本的确定和整理 ································ 89
一、政策内容分析研究设计 ·· 89
二、政策内容分析的样本选择 ·· 90
三、政策内容文本分类整理 ·· 91
第二节 政策内容文本编码统计 ··· 93
一、政策文本编码 ··· 93
二、提炼政策内容主题词 ··· 93
三、政策主题词的频数统计 ·· 94
第三节 政策内容分析结果 ·· 97
一、政策主题词相对稳定和集中 ······································· 97
二、"占用耕地"逐渐向"补充耕地"转移 ························· 97
三、"耕地数量"和"耕地质量"的频数对比变化明显 ······ 98
四、补充耕地方式由土地开发向土地复垦、整理和土地整治
转变 ·· 98
五、"生态环境"越来越受到社会广泛关注 ························ 98

  六、规制地方政府行为始终是突出主题 ……………………… 99
  七、土地文化主题词逐渐显现 …………………………………… 99

第九章　我国农地非农化乱象中政府角色的政策网络分析 … 101
第一节　我国农地非农化乱象中的政府角色 ……………………… 101
  一、中央政府的角色 ……………………………………………… 102
  二、政府各职能部门的角色 ……………………………………… 102
  三、地方政府的角色 ……………………………………………… 103
第二节　我国农地非农化进程中政府角色的网络分析 …………… 104
  一、农地非农化政策网络的构成 ………………………………… 105
  二、农地非农化的政策网络分析 ………………………………… 106
  三、政府角色冲突的困境 ………………………………………… 108
第三节　我国农地非农化进程中政府角色的调整 ………………… 109
  一、由"政府主导"向政府、市场和社会相互补充的"社会网
    络"结构过渡 ………………………………………………… 109
  二、政府促进公共价值的提升 …………………………………… 109
  三、加强中央政府、各职能部门和地方政府的协调，形成"整
    体政府" ……………………………………………………… 109

第十章　基于政策网络视角的公共政策主体互动模式探究 … 111
第一节　政策网络分析框架的构建和应用 ………………………… 112
  一、耕地占补平衡政策网络的构成 ……………………………… 112
  二、政策制定过程中的主体互动情况 …………………………… 114
  三、政策执行过程中的主体互动模式变化 ……………………… 115
第二节　政策网络阻隔及成因分析 ………………………………… 116
  一、行政权力运用不当导致政策执行偏差 ……………………… 117
  二、对边缘主体权利的不重视 …………………………………… 117
  三、政策网络未形成整体合力 …………………………………… 118
第三节　政策启示 …………………………………………………… 118
  一、组建耕地占补平衡政策共同体 ……………………………… 118
  二、构建均衡的耕地占补平衡政策制定网络 …………………… 119
  三、实现耕地占补平衡政策执行网络的平衡 …………………… 119

第十一章　总结与讨论 ………………………………… 121
　　第一节　研究结论 ……………………………………… 121
　　　　一、国家治理现代化理论推动并深化了公共政策研究 …… 121
　　　　二、创新理论拓宽了公共政策分析的思路方法 ………… 122
　　　　三、大数据方法在科技创新和公共政策量化研究中得到
　　　　　　应用 …………………………………………………… 123
　　第二节　有待深入研究的问题 ………………………… 123
　　　　一、进一步的实地调研 …………………………………… 123
　　　　二、信度、效度检验和技术方法的应用 ………………… 124
　　　　三、创新2.0与政府2.0 …………………………………… 124

附录A　我国战略性新兴产业政策样本（2010~2015年） …… 125

附录B　我国耕地占补平衡相关政策汇总 ………………… 131

附录C　我国耕地占补平衡政策主题词的频数统计 ………… 135

附录D　Strategic Emerging Industrial Policies of China 2010-2015 and Their Implications ………………… 139

附录E　个人简历及博士后期间的主要研究成果 …………… 167

参考文献 …………………………………………………… 171

后　记 ……………………………………………………… 183

图目录

图 1-1 研究思路 ··· 7
图 1-2 研究内容概览 ·· 8
图 2-1 良治的八个标准 ··· 14
图 2-2 政策共同体在政策过程中的变化情况 ················ 22
图 2-3 政策网络与政策结果 ··································· 23
图 4-1 政策生命周期模型 ······································ 42
图 4-2 中国创新政策演变模式 ································ 46
图 5-1 战略性新兴产业政策关键主题词的频数统计 ········ 59
图 5-2 战略性新兴产业政策高频主题词统计 ················ 59
图 5-3 我国战略性新兴产业政策分类统计 ··················· 60
图 5-4 我国战略性新兴产业政策工具统计 ··················· 61
图 6-1 1997~2011 年我国耕地面积变化 ···················· 66
图 6-2 2002~2012 年我国耕地占补平衡政策相关硕博士论文情况 ··· 67
图 7-1 我国耕地占补平衡政策的演变过程 ··················· 75
图 7-2 1997~2003 年我国非农建设占用耕地与补充耕地情况 ··· 76
图 7-3 1997~2003 年我国耕地总量变化 ···················· 77
图 7-4 1997~2003 年我国的粮食产量 ······················· 77
图 7-5 2004~2007 年我国非农建设占用耕地与补充耕地情况 ··· 79
图 7-6 2004~2010 年我国耕地总量变化 ···················· 79
图 7-7 2004~2010 年我国的粮食产量 ······················· 80
图 8-1 政策内容分析的研究思路设计 ························ 90
图 8-2 我国耕地占补平衡政策谱系 ··························· 92
图 9-1 土地资源管理领域的中央政府各职能部门分类 ····· 103
图 9-2 某市土地储备联席会议的成员单位 ·················· 103
图 9-3 我国政府在农地非农化中的目标和角色 ············· 104

图 9-4 我国农地非农化政策网络的 Rhodes 模式 …………… 105
图 10-1 政策制定过程中行动者的互动情况 ………………… 114
图 10-2 政策执行过程中行动者的互动情况 ………………… 115
图 10-3 耕地占补平衡政策相关主体分类 …………………… 117
图 11-1 研究分析框架 ………………………………………… 122

表目录

表 2-1　治理现代化的特征 …………………………………………… 15
表 2-2　政策网络的类型与特征 ……………………………………… 20
表 4-1　创新政策与科学政策、技术政策、产业政策和经济政策概念的
　　　　对比 ……………………………………………………………… 38
表 5-1　战略性新兴产业政策主题词的频数统计 …………………… 57
表 8-1　耕地占补平衡相关政策数量年度演进情况 ………………… 91
表 8-2　耕地占补平衡政策主题词的频数及其比例 ………………… 95

第一章 绪 论

第一节 研究背景

中共十九大明确提出要"推进国家治理体系和治理能力现代化"[1]，这构成了我国现代化进程中的"第五个现代化"，其现代化的程度直接关系到其他"四个现代化"的进一步推进。作为现代国家治理的组成部分，科学、民主、有效的公共政策活动是构建现代国家治理体系和提升国家治理能力的重要途径，必须在国家治理现代化的总体原则下迈上现代化的道路。

一、推进国家治理现代化是我国社会主义现代化建设和政治发展的必然要求

推进国家治理体系和治理能力现代化是对改革开放以来我国现代化建设成功经验的理论总结，也是对我国在现代化进程新的发展阶段所面临的各种严峻挑战的主动回应。

"国家治理体系和治理能力现代化"是一种全新的政治理念，表明我们党对社会政治发展规律有了新的认识，是马克思主义国家理论的重要创新，也是中国共产党从革命党转向执政党的重要理论标志。从实践上说，治理改革是政治改革的重要内容，与此相应，国家治理体系的现代化也是政治现代化的重要内容。推进国家治理体系和治理能力现代化，势必要求在国家的行政制度、决策制度、司法制度、预算制度、监督制度等重要领域进行突破性的变革[2]。

二、公共政策创新是实现国家治理体系和治理能力现代化的有机组成部分

传统的公共政策研究派生于政治学和行政学学科，主要从规范意义上探讨国家、社会和公民之间的利益制衡；运用政治学和行政学原理分析国家、地方、团体和公众之间的关系；研究政策制定和运行过程；探讨行动主体、价值取向和政策工具等政策要素间的关联。

自20世纪中期我国提出"四个现代化"的目标以来，我国的现代化建设取得了举世瞩目的巨大成就，创造了世界经济发展史上的奇迹。但是在当前中国特色社会主义现代化建设进入新的发展阶段的历史时期，不同的利益群体已经形成，各种利益冲突日益明显，国家治理体系和治理能力正面临诸多挑战。尤其是信息技术的日益普及与广泛使用，为公共服务提供带来了新的机遇与挑战[3-4]。

在新的时代背景下，公共政策创新成为现代国家公共治理不可缺少的具体制度设计和安排，它是构建现代国家治理体系的重要构件和提升国家治理能力的重要途径。实现国家公共治理现代化，必然要求推进作为公共治理体系构件和途径的公共政策活动的现代化。

三、基于公共治理的政策创新是实施创新驱动发展战略的内在要求

创新是推动一个国家和民族向前发展的重要力量，也是推动整个人类社会向前发展的重要力量。面对全球新一轮科技革命与产业变革的重大机遇和挑战，面对经济发展新常态下的趋势变化和特点，面对实现"两个一百年"奋斗目标的历史任务和要求，必须深化体制机制改革，加快实施创新驱动发展战略[5]。

新公共管理与重塑政府运动席卷全球以来，伴随着民营化、解制、公私联营等改革议程的全球扩散与逐步深入，公共服务提供越来越呈现多主体参与的复杂格局[6]。中共十八大提出"创新驱动发展战略"，一方面指明了中国未来的发展要靠科技创新驱动，而不是传统的劳动力以及资源能源驱动；另一方面也指明了创新的目的是驱动发展。这就要求科技创新既

第一章 绪 论

能产生先进的成果,又能转化成为经济社会发展的动力和效益。这两方面目标的达成,都依赖于通过基于公共治理的政策创新推动我国自主创新能力的提高、体制机制的完善、政策环境的优化、公共服务的提升。

因此,本书试图在探讨"国家治理体系和治理能力现代化"与"公共政策创新"之间的联系和学术思想的基础上,对"国家治理现代化""创新驱动发展战略"和"公共治理"三方面进行交叉研究,并尝试将它们整合为一个综合分析框架;同时以"公共政策分析与创新"为基本线索,选取典型公共政策(如科技政策、战略性新兴产业政策、创新政策、土地政策等)进行实证研究,提出在国家治理现代化视角下的公共政策创新模式。通过本书,以期丰富国家治理体系和治理能力现代化的研究成果,并为科技创新、公共治理、公共政策等研究领域和实践提供科学建议。

本书拟解决以下三个主要问题:

(1)国家治理现代化对公共政策领域提出的必然要求和路径选择。中国的改革开放过程,是一个包括社会的经济生活、政治生活和文化生活在内的整体性社会变迁过程。纵观40年中国治理变革的轨迹,可以看到一条清晰的路线图:从一元治理到多元治理、从集权到分权、从人治到法治、从管制政府到服务政府、从党内民主到社会民主[2]。

我国治理变革经历了数次改革并不断完善,国家治理现代化的基础不断夯实。当前,公共治理逐步发展为政府治理、市场治理和社会治理三个重要方面,这必然对顶层设计和宏观指导提出了全新的要求。同时,国家治理现代化的现实进展与理想状态相比,还存在治理模式、执行主体、利益共享等方面的很多突出问题。实现国家治理现代化的根本则在于突破这些制约瓶颈。本书将针对这些问题,从国家治理现代化层面,提出对公共政策领域的必然要求和路径选择。

(2)在创新驱动发展战略下,如何拓展并深化现有的公共政策理论研究?在当前"大众创业、万众创新"的时代背景下,推进国家治理现代化对公共政策理论和实践提出创新要求。本书则以政策过程、政策内容、政策工具和政策网络为研究起点,在创新驱动发展战略下,研究国家治理现代化进程中的公共政策创新范式。在政策过程方面,政策运行被理解为由政策议程、政策制定、政策合法化、政策实施、政策评估、政策反馈、政策终结或政策修正等环节构成的单向运行过程。在政策内容方面,借鉴大数据的理论方法对政策文献内容进行系统的定量与定性的结合分析,能够客观、真实、有效地测度出政策内容的本质特征及发展趋势。在政策工具方面，直接的行政指令而非市场工具在科技创新领域中应用过多；供给型、环境型和需求型政策的类型选择缺乏科学性，导致结构性失衡。在政策网络方面，借助"网络"的概念，从系统和联系的角度来分析各种行动者在政策过程中建立的社会关系形态，以促进政策形成和运行，这不仅使政策运行网络具备完整的网络结构，并且科技资源可以在网络行动者之间合理分配，以期达到共赢目的和可持续发展。

（3）基于创新生态理论，对公共政策体系各主体之间作用机制的动态演化分析。当前，创新生态和公共治理均为学术界的热点问题。"创新生态"充分借鉴生物界的生态体系特征，体现的是一种自然演化的结果；而"公共治理"则突出了政府治理、市场治理和社会治理等方面的人为痕迹。治理的目的是通过政府和市场这"两只手"，实现良性的、自然的、生态化的创新，并不断发展。本书将借鉴生态理论，研究国家治理体系作为一个有机整体所必需的构成要素、生态特征、内在机制，并探讨在此过程中公共政策体系各主体之间作用机制的动态演化。

第二节　研究方法

本书将以三个基本问题为线索，选择恰当的理论工具和研究方法。

一、文献资料分析法

本书在收集国内外相关学术论文、专著、研究报告的基础上，分析既往研究的局限性和盲区，结合国家治理现代化进程对公共政策领域的时代要求，拟定和设计本书研究的切入视角与学术空间。这些文献资料主要来源于政府门户网站、官方媒体报道和权威数据库。对于无法公开查阅的政策文件则查找政府部门的纸质文件。通过文献资料收集，进行理论概括、总结与比较分析，以便为本书研究的开展提供研究样本和经验借鉴。

二、内容分析方法

当前,大数据技术在全球范围内迅速发展,"数据分析"和"量化研究"被逐步应用于政策分析领域,为政府的科学决策提供科学依据。政策内容分析即是在参考"大数据"的思路方法,将政策文件作为一个统一的"语料整体",通过确定分析指标,对政策进行编码,从而将政策文本转化为数据信息,实现政策内容分析的可量化和可视化。内容分析方法专指对于文献内容进行系统的定量与定性分析相结合的一种语言分析方法,其目的是分析清楚或者测度出文献中有关主题的本质性的事实及其关联的发展趋势。因此,采用内容分析法进行政策分析,能够避免因主观判断将偏见带入结果,更加符合自然本质。

三、调研访谈方法

本书将国家治理现代化视角下的公共政策创新作为研究对象,选取典型公共政策,如科技政策、土地政策两方面政策进行实证研究,并确定代表性的政策主体(政府、企业、科研院所、大学、科学家个人及其学术团体、社会公众等)进行实地调研,如科技部战略发展研究院、山东省科技发展战略研究院、山东省科学院区域创新创业研究中心、中央直属企业、剑桥大学、鲁汶大学、清华大学公共管理学院、北京理工大学、东北大学和清华科技园等。分别应用调研问卷和深度访谈的方法来收集第一手的与国家治理体系及公共政策供给、执行、监督等有关的资料,丰富文献研究获得的资料信息,提高研究的针对性和可操作性。

第三节 研究框架

一、研究思路

本书按照理论构建、实践总结和战略建议的逻辑顺序展开研究，围绕"国家治理现代化视角下的公共政策创新"问题，构建由国家治理现代化、政策网络理论、创新生态体系理论组成的理论框架，重点研究两个政策领域——科技治理政策创新、土地政策创新。

1. "科技治理政策创新"的研究内容

第一，研究科技治理体系现代化的概念、内涵、特征与挑战；第二，以创新研究为切入点，研究中国创新政策演变模式更迭与政策生命周期规律特征；第三，研究我国战略性新兴产业政策样本40项（2010~2013年），对政策基本特征和存在的问题进行深入分析，并于2015年扩充政策样本至80项（2010~2015年），对不同阶段出台的战略性新兴产业政策特点进行比较研究。

2. "土地政策创新"的研究内容

第一，将创新理论与公共政策实践研究相结合，对一项土地政策进行系统分析；第二，研究一项土地政策（以耕地占补平衡政策为例）的成效与局限；第三，政策内容分析方法在公共政策研究中的应用；第四，基于政策网络视角的公共政策主体互动模式探究；第五，政府角色的政策网络分析。

综上所述，在公共治理理论、创新理论和公共政策理论三方面理论框架下，本书在科技治理政策创新、土地政策创新两个领域进行延伸和拓展。研究思路如图1-1所示。

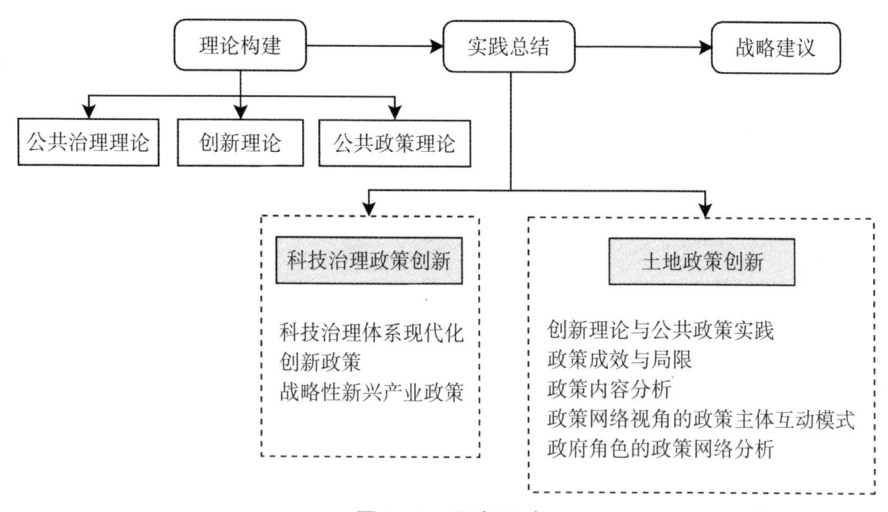

图 1-1　研究思路

二、研究内容概览

基于笔者公共管理专业背景，以及所在的清华大学战略新兴产业研究中心的课题方向，本书主要集中于公共政策研究、创新理论和公共治理理论，并将三个方面结合进行交叉研究，以政策内容、政策工具、政策过程和政策网络为研究起点，将创新理论应用到公共政策研究中，并将公共治理理论引入科技创新和土地管理领域。

本书的主要内容为国家治理现代化视角下的公共政策创新，在国家治理现代化理论框架下系统研究两个典型政策领域的创新，由此形成公共政策、创新理论和公共治理三方面的交叉研究，即笔者攻读博士和博士后研究工作期间发表的学术期刊成果，以及"中国博士后科学基金面上项目"[1]和"中国博士后科学基金特别资助项目"[2]。

以上研究成果即为本书主要内容的八个章节，分别是："科技治理体系现代化：概念、特征与挑战"（第三章）、"政策生命周期视野下的中国创新

---

[1] 大数据背景下我国耕地保护政策文本量化研究，中国博士后科学基金第 55 批面上项目（2014M550758）。
[2] 基于创新生态观的科技治理体系现代化研究，中国博士后科学基金第 8 批特别资助项目（2015T80103）。

政策演变"(第四章)、"大数据背景下的公共政策量化研究：以我国战略性新兴产业政策为例"(第五章)、"创新理论与公共政策实践研究：以一项土地政策分析为例"(第六章)、"我国耕地占补平衡政策的成效与局限"(第七章)、"内容分析方法在公共政策研究中的应用"(第八章)、"我国农地非农化乱象中政府角色的政策网络分析"(第九章)和"基于政策网络视角的公共政策主体互动模式探究"(第十章)。其中，第三章至第五章为"科技治理政策创新"内容，第六章至第十章为"土地政策创新"内容。研究内容概览如图1-2所示。

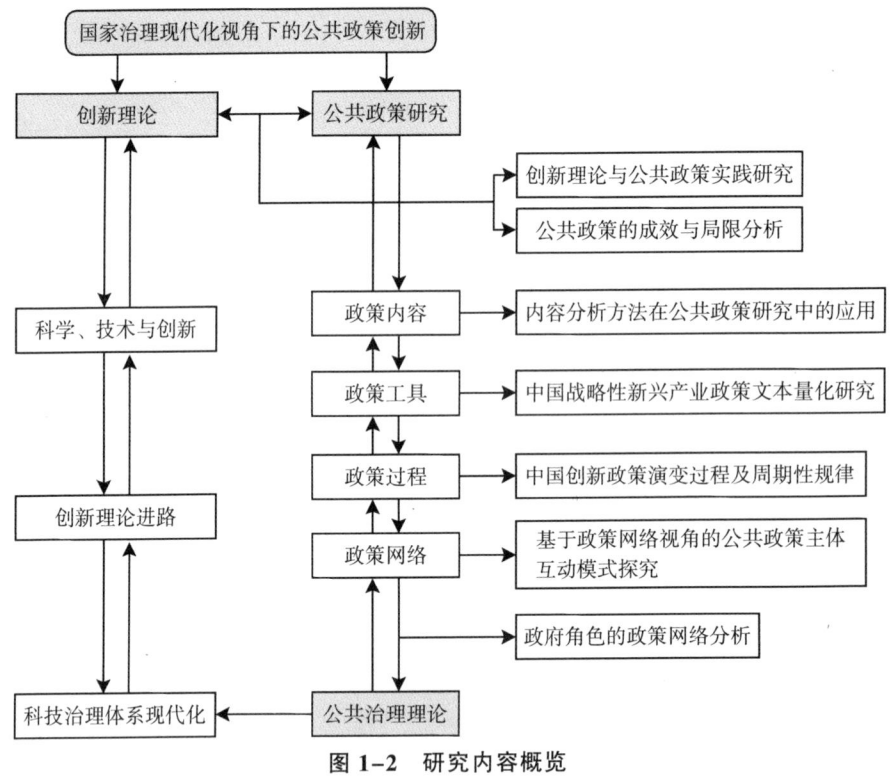

图1-2 研究内容概览

三、数据来源

本书数据来自历年的《中国统计年鉴》，科技部、工信部和国土资源部等政府门户网站和各省、市统计局网站，以及相关政府文件。

第一章 绪 论

第四节 主要创新点

一、研究视角创新：尝试在国家治理现代化理论框架下研究公共政策创新

"国家治理体系和治理能力现代化"是一种全新的政治理念，表明我们党对社会政治发展规律有了新的认识，是马克思主义国家理论的重要创新，也是中国共产党从革命党转向执政党的重要理论标志。从实践上说，治理改革是政治改革的重要内容，与此相应，国家治理体系的现代化也是政治现代化的重要内容。推进国家治理体系和治理能力现代化，势必要求在国家的行政制度、决策制度、司法制度、预算制度、监督制度等重要领域进行突破性的变革[2]。在新的时代背景下，公共政策创新成为公共治理的重要组成部分，更是国家治理现代化不可缺少的具体制度设计。国家治理现代化对公共政策活动提出全新要求，这必然要求推进作为公共治理体系构件和途径的公共政策活动的现代化。因此，本书将在国家治理现代化理论框架下，选取典型的科技治理政策和土地政策为研究对象，系统研究当前时代背景下的公共政策创新模式。通过本书，以期丰富国家治理现代化理论，同时为公共治理研究和实践提供一个更为系统、科学、合理的解决方案。

二、研究内容创新：构建创新理论、公共政策和治理理论的多元理论框架

本书主要集中于公共政策研究、创新理论和公共治理理论，并将三个方面结合进行交叉研究，以政策内容、政策工具、政策过程和政策网络为研究起点，将创新理论应用到公共政策研究中，并将公共治理理论引入创新治理领域，构建一个多元的、综合性分析框架，主要研究内容集中于"科技治理政策创新"和"土地政策创新"两个方面。本书具有鲜明的跨

学科研究性质，强调构建基于公共治理的创新生态体系，从理论背景、概念特征、分析框架，以及现实挑战等方面分析国家治理现代化背景下的公共治理问题、愿景与创新机制，具有重要的理论和现实意义。

三、研究方法创新：结合"大数据"和内容分析法进行政策文本量化研究

随着计算机技术和互联网的发展，当今世界从"信息匮乏"的时代发展到"信息爆炸"的时代[7]。"海量数据"或"大数据"应用已在社会生活的各个方面发挥重要影响，政策分析领域亦如此。目前，大数据已成为各国政府政策制定的重要依据。较之以往各种经济预测方法，大数据能更准确地预测整体经济形势、疾病暴发和传播、社会动乱进展等情况[8]，从而服务于政府的科学决策。而"内容分析法"[9]则是在"大数据"背景下逐步被重视，并被应用于对文献内容进行系统的定量与定性分析相结合的一种语言分析方法，适用于对文本数量庞大、层次结构复杂的各类政策文件的梳理与分析。本书运用内容分析法对我国公共政策文本内容进行分析，通过政策文本编码、提炼政策内容主题词，对政策主题的频次分布数据进行系统分析和政策内容解读，客观、真实、有效地总结我国现代国家治理问题和成因。因此，在大数据背景下将内容分析法引入政策分析领域，将利于对政策内容的量化研究，提升我国政府的科学决策水平。

第二章 理论基础

中共十八届三中全会提出全面深化改革的总目标,即完善和发展中国特色社会主义制度,推进国家治理体系和治理能力现代化。科技治理体系及其现代化无疑在国家治理体系现代化中居于重要位置。没有科技治理体系的现代化,就不可能顺利创建创新型国家,也不可能实现创新驱动发展战略,它对于我国实现"两个一百年"的战略目标具有重要的基础性作用。因此,站在新的历史起点上,从理论基础、概念特征、分析框架及现实挑战等方面分析"科技治理体系现代化"问题具有重要的理论和现实意义。

第一节 国家治理现代化

"国家治理现代化视角下的公共政策创新"研究课题是治理理论、现代化理论、创新生态理论在公共政策研究领域的应用。

一、治理理论

汉语中"治理"一词一般作"统治、管理"(如治理国家)和"处理、整修"(如治理黄河)之意[10]。儒家尊崇的君子做人的理想是"修身、齐家、治国、平天下"[11],其中的"治国"即"治理国家"的意思。与汉语词汇中的"治理"概念有所不同,我们现在一般讲的"治理理论"中的"治理"来源于英文"Governance",它最初来源于希腊语"$\kappa\upsilon\beta\varepsilon\rho\nu\acute{\alpha}\omega$",含义是"统御"、"驾驭"[12],它与汉语词汇"治理"的含义有相近的地方,但是差异也是显而易见的。

在理论界，狭义的"Governance"一般指一个组织内诸成员如何影响决策，这种决策又是如何被执行的；广义的"Governance"指一个组织所有的行为方式，这个组织可以是政府、非政府组织（NGO）、公司，甚至一个项目等[13]。知名学者 Mark（2012）因此认为，治理是指统治（Governing）的整个过程，不论这个过程是由政府、市场或者网络来完成的，也不论统治的对象是一个家庭、部落、正式或非正式的组织或者领地，也不论是通过法律、规则、权力或者是一门语言来统治[14]。

追根溯源，治理理论最早发源于公司治理（Cooperation Governance），学术界探索"公司"这种组织的治理方式大概已经有百余年的历史了。公司治理的核心主题在于公司的剩余收益支配权的问题，围绕这个问题，公司治理产生了两种尖锐对立的理论体系，即股东权益理论（Shareholder Theory）与利益相关者理论（Stakeholder Theory），它们之间争论的焦点是谁应该得到公司的剩余收益[15]。围绕这个核心问题产生了董事会行为方式、议事规则，董事会、决策层、股东之间的权责关系等一整套理论、习惯、文化和规则体系。

20世纪90年代以后，不仅是公司的治理问题，政府、NGO及一些国际组织的治理问题也引起经济学家、政治学家的广泛关注，甚至一些国际机构也专门出台报告论述治理的问题。如联合国、国际货币基金组织（IMF）、世界银行（World Bank）等，它们的观点得到广泛传播。例如，World Bank 认为，治理是管理一国经济社会的发展资源的权力运作模式[16]。联合国开发计划署（UNDP）认为，治理这个概念是指为解决冲突的政治游戏规则、机构功能的合法性以及公众的接受程度，这个理论用来呼吁政府提高功效，以及通过民主的方式获得共识等[17]。IMF 认为，促进良治包括很多方面，如确保法律的权威、提升公共部门的效率和问责能力、克服腐败等。IMF 曾一度规定，若想得到 IMF 的贷款，各国政府必须按照 IMF 的标准制定一个良治的政策[18]。另外，全球治理委员会（Commission on Global Governance）认为，"公共治理"是各种公共的或私人的机构管理其共同事务的诸多方法的总和，是使相互冲突的或不同的利益得以调和，并采取联合行动的持续过程[19]。在学术界，Stoker（1998）认为，治理是指统治方式的改变，公共部门和私人机构的界限的模糊化[20]。Ohler 等（2005）认为，治理能力（Governance Capabilities）主要包括对本"系统"特点优劣、短长的分析和认知能力、对政策和问题的聚焦能力、促使行动者横向协作能力、政策执行能力、政策学习能力、政策调整能力等[21]。上述观点在国际上都广为流传。

在国内，治理理论在近年来得到迅速传播，并有很多理论联系实际的研究，如胡鞍钢[22-23]、王名[24-25]和汪玉凯[26]等的研究。人们认识到，治理与传统的管理是不同的，它是一种以协商为主的行为，是多元化、网络化的合作管理[27]。目前，公共治理理论的相关研究主要分为三类：第一，公共治理模式研究（多层级治理、多中心治理和网络治理）和公共治理评估研究（评价标准、评价体系等）[19]；第二，对治理主体、治理工具、治理结构和治理机制等关键要素的研究；第三，认为治理过程是政府、市场和社会三方互动的过程，因此，从政府治理、市场治理和社会治理三个层面展开研究。

二、国家治理体系

在政策层面，治理能力与过去我们强调的执政能力是不同的，治理能力现代化也不同于过去的政府体制改革；治理能力及其现代化更强调了依法治国、民主协商的现代治理思想。

因此，治理理论也引起我国决策者的高度关注，迅速出现在党和政府的决策性文件中，尤其明确表述在中共十八届三中全会文件中，这说明公共治理理论已经在中国落地生根。国家领导人强调认为，国家治理体系是在党领导下管理国家的制度体系，包括经济、政治、文化、社会、生态文明和党的建设等各领域体制机制、法律法规安排，也就是一整套紧密相连、相互协调的国家制度[28]。

学术界认为，国家治理体系是规范社会权力运行和维护公共秩序的一系列制度和程序。它包括规范行政行为、市场行为和社会行为的一系列制度和程序，政府治理、市场治理和社会治理是现代国家治理体系中三个最重要的次级体系[29]。还有学者认为，国家治理体系包括三个方面的制度体系：一是国家法律制度体系，二是党的制度体系，三是社会的制度体系[22]。

还有人认为，现代国家治理有五个方面的特征，即治理主体的多元化、治理客体的立体化、治理目标的人本化、治理方式的规范化和治理手段的文明化[30]；国家治理体系包括三大要素，即治理主体、治理机制和治理工具[2]。

三、现代化与良治

"现代化"一词在中国不是一个新概念，过去我们曾经提出"四个现代化"①的概念，有人认为当前提出的治理能力现代化是"五化"②。从理论上讲，现代化涉及人类思想和活动的一切领域[31]。从广义上讲，现代化是指全社会范围，一系列现代要素以及组合方式连续发生的由低级到高级的突破性的变化或变革的过程[22]；从狭义上看，现代化是指落后国家迅速赶上先进工业国家水平和适应现代世界环境的发展过程[32]。

对于"什么是治理现代化"这一问题虽然没有一个定论，但是，它实质是指治理要达到的一种理想模式，即在公平、公正、高效、民主、法制、参与等原则指导下，实现组织整体及各利益相关者当前及长远利益的最大化。有人认为，国家治理现代化的命题有四个核心内容：国家的基本政治制度、国家治理的价值体系、国家治理体系和国家治理能力[33]。还有人认为，国家治理现代化重在国家制度现代化，并实施良治[23]。"良治"（Good Governance）的概念最早来自联合国，联合国认为，良治有八个方面的特征[13]，如图2-1所示。

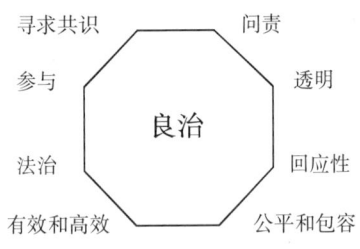

图2-1 良治的八个标准

资料来源：引自 What is Good Governance（UNESCAP，2009）。

---

① 20世纪中期，我国提出工业、农业、国防和科学技术现代化的政策目标和口号。
② "五化"即"第五个现代化"，中共十八届三中全会提出的"推进国家治理体系和治理能力现代化"。

第二章 理论基础

参与（Participatory）是指不论性别、种族都有参与治理的权力，尤其是治理要反映弱势群体的声音；法治（Follows the Rule of Law）包括公平的法制框架、公正执法、保护人权（尤其是少数族裔人权）、独立审判、公正执法等；有效和高效（Effective and Efficient）是指满足社会需求，而且要做到保护环境、可持续发展；公平和包容（Equitable and Inclusive）指必须保证所有族群的福利都能够得到提升；回应性（Responsive）指机构在规定的时间内为利益相关者提供服务；透明（Transparent）指依法决策、透明决策，让那些受决策影响的人群理解决策；问责（Accountable）是指必须对所有受到决策影响的社会公众和利益相关者负责；寻求共识（Consensus Oriented）指为整个社会长期、短期利益最大化服务，促进可持续发展，理解当地历史、文化和社会情境。

近年来，从事治理研究的学者逐渐厘清了几个相似概念。在社会政治生活中，治理（Governance）是一种偏重于工具性的政治行为，它体现着一定的政治价值，但治理行为的技术性因素要重于其价值性因素。国家治理的理想状态，就是良治（Good Governance），是对整个社会的要求，即不仅要有好的政府治理，还要有好的社会治理。良治是善治的前提，善治是公共利益最大化的治理活动和治理过程，其本质特征就是国家与社会处于最佳状态，是政府与公民对社会政治事务的协同治理。善政（Good Governent）可谓传统的政治理想，是对政府治理的要求，即要求有一个好的政府。善政是通向善治的关键。法治（Rule of Law）既是实现善治的基本要素和基本途径，也是国家治理现代化的题中应有之义，法治体系是现代国家治理体系的基本内容[2]。

另外，其他领域的相关学者也从不同角度论述了"治理现代化"的问题，如社会治理创新、城市治理现代化和大学科技创新治理体系现代化等方面，他们的观点也颇有启发性，主要观点如表2-1所示。

表2-1 治理现代化的特征

研究对象	"治理体系"的构成要素	"现代化"特征
治理现代化	治理是由治理理念、环境、目标、主体、客体、资源、方式、模式和结构等要素组成的一个有机整体	包括治理理念共赢化、治理环境复杂化、治理目标综合化、治理主体多元化、治理客体问题化、治理资源市场化、治理方式法治化、治理模式网络化等[34]

国家治理现代化视角下的公共政策创新

续表

研究对象	"治理体系"的构成要素	"现代化"特征
国家治理现代化	国家治理的核心由11根制度支柱构成，以及约束这些行动者的规则	民主化、法治化、文明化、科学化[35]
	包括治理主体、治理客体、治理目标、治理方式、治理手段	治理主体的多元化、治理客体的立体化、治理目标的人本化、治理方式的规范化、治理手段的文明化[30]
	包括治理理念、治理主体、治理机制等	发展更加广泛、更加充分、更加健全的人民民主；建立现代化的马克思主义政党治理体系；建立现代化的市场治理体系；建立现代化的政府治理体系；建立现代化的社会治理体系[36]
社会治理创新	包括社会组织体制改革、社会服务体制改革、社会治理体制改革等	关键在于进一步推进政府职能转变，落实政社分开[24-25]
城市治理现代化	实现城市治理的现代化既包括政府，也包括如何利用市场、发挥市场的作用	用信息化来推动城市治理的现代化[26]
大学科技创新治理体系现代化	治理主体、治理结构、治理制度、治理方式、治理手段	先进的治理理念；治理主体多元化；治理结构网络化；治理制度规范、理性；治理手段法治化和市场化[36]

资料来源：根据张润君（2014）、何增科（2014）、姜明安（2014）、杜飞进（2014）、王名（2014）、汪玉凯（2014）和郭广生（2014）等相关文献整理。

第二节 政策网络理论

政策网络作为研究多元主体间复杂互动关系的分析工具，被西方研究者广泛应用于公共政策研究领域。近年来，政策网络理论凭借其自身优势，逐渐成为公共政策研究的新途径。

一、政策网络理论的产生

1. 政策网络理论产生的社会背景

政策网络理论的出现根源于公共政策实践发展的需要。20世纪70年代,中东石油危机引发了西方资本主义国家的经济危机。高额的财政赤字使国家经济、社会、政治问题凸显,迫使政府进行大规模的行政改革,以寻求解决之道。

首先,政府在巨大的社会压力下不得不与各种非政府组织和政治团体结盟,以扭转严重的"政府失灵";其次,在长期的政策博弈过程中,各种专业组织和社会团体凭借自身影响力,已经在政策制定和执行中发挥重要作用;再次,各种社会组织的成长使政策资源分散化,因此政府必须主动寻求合作、集中资源;最后,政府管理方式由层级制向水平化方向发展,也需要新的政策分析工具的支持。此时的政策过程研究已突破了以往粗略地用政策议题(Policy Issues)、方案(Program)和政策(Policy)来区分政策过程的不同分析层次,而政策网络理论提供了更为细致、精确的分析单位,即在政策部门(Policy Sector)或者政策次部门(Policy Sub-sector)层面上分析不同政策主体的相互作用[37]。

2. 政策网络理论产生的理论来源

学术界一般认为,政策网络分析的理论源头有两种:一是盛行于20世纪六七十年代的组织社会学,尤其是组织间关系的相关研究;二是源于政治学领域关于次系统(Sub-system)和政策社群(Policy Community)的研究,是20世纪五六十年代精英主义和多元主义关于权力讨论的产物[38]。但是,组织社会学和政治学是政策网络中两个不同极端的来源——社会组织与政治框架内的政府组织。组织社会学以社会组织为研究对象,自英国工业革命以来,具有特定目标和功能并具有一定社会资源的社会组织逐渐进入社会生活的各个领域,包括政治领域,对政府决策施加影响。政治学则以政治行为、政治体制和政治现象为研究对象。20世纪70年代,欧洲国家政府对公共事务的复杂形势表现出力不从心,不得不在社会压力下寻求各种社会组织的协助。

因此,组织社会学和政治学共同作用于"政策网络":前者源自社会组织的外在力量;后者则源自政府的内生力量。与此同时,政策网络也将两者有机地统一起来,并不断丰富。

二、政策网络理论的主要内容

1. 政策网络的内涵

"网络"一词本意指的是利于接触(Take Advantage of Contact)的意义。"政策网络"的概念最早是由美国学者卡赞斯坦(P. Katzenstein)在《权力与财富之间》一书中提出的。作者比较了发达国家对外经济政策的制定,并认为国家与非国家行动者之间建立的是一种互赖与合作的关系[39]。另外,国外还有学者这样描述:"政府不同分支机构和不同部门之间的相互关系,以及政府与其他社会组织之间的互动关系构成了政策网络,这个网络有助于政策的形成与发展[40]。"

国内学者则认为:"政策网络是指政府与其他利益相关者之间建立的制度化的互动模式,它们针对和围绕共同关心的议题进行对话和协商,使参与者的政策偏好或政策诉求得到重视,以便增加彼此的政策利益[41]。"还有学者认为:"政策网络被理解为政府和社会被连接在一起共同参与政策程序的一个网络。网络间的不同表现在五个方面,即网络成员的兴趣、成员资格、成员的独立程度、网络与其他网络的分离程度以及成员之间资源分配的多样化[42]。"

可见,由于政治制度和体制不同,国内外对政策网络的理解也不同。西方发达国家的多元决策结构,决定了政治主体结构的"分权化"和"中心缺失"的特点。这种情况下形成的网络互动关系有利于政策的制定和发展。然而,我国政府决策的"中心"地位是非常明显的,但是随着社会结构日趋网络化、复杂化,以及利益集团和公众参与的增多,许多公共事务不再只依靠政府单方决策。利益结构多元化和决策过程部门化,事实上已经推动了我国政策网络关系的形成和发展。但是较西方国家,我国的政策网络依然呈明显的政府主导特点,以制度化的互动模式为政治基础。

2. 政策网络的特征

本书从系统、结构、主体、过程和环境五方面概括政策网络的主要特征。

第一,系统稳定性。任何政策网络在形成之后都呈现稳定的系统结构特征。各种网络类型或高度整合,或相对松散,因权力、利益和资源因素而构成稳定的"政策共同体",即使互动关系发生调整,整个网络还是具备系统的整体性和稳定性特征。

第二，结构网络化。政策网络中的各方主体在长期的资源竞争下形成利益分享机制，趋向于合作网络的形成。在网络化结构中，虽然各方资源并不相等，但是参与主体间的相互依赖可以促进网络关系良性互动，使网络特征长久保持，更加利于问题的解决。

第三，主体多元化。政策网络中存在多个行动者，包括政府、社会团体、私人部门、专家学者和公众等。不同的社会资源、价值取向和利益需求，使各种主体分属于不同的网络层次，或结成各种政策共同体，通过各自的行动策略和关系互动来实现自身利益，同时也推动着政策的运行过程。

第四，过程动态性。政策网络结构并非一成不变，网络关系处于动态变化过程之中。政策网络的动态变化来源于政策过程的进展，根源于各种行动者为自身利益所做出的努力。正是政策网络中各种互动关系的存在和变化，才推动了政策的形成和发展过程。

第五，环境制约性。任何政策都是在一定的政策环境背景下形成的，既受到政策环境的制约，同时又反作用于政策环境。通常情况下，自然地理环境、经济社会环境、政治法律环境和文化环境构成了政策网络运行的制约条件。同时，只有在政策环境的制约下，政策网络结构才能稳固，互动关系才能得到持久的保障。

3. 政策网络的类型

根据不同的标准，研究者将政策网络总结为多种类型。英国学者罗茨（R.A.W. Rhodes）(1997) 基于对英国中央政府与地方政府间的关系研究，对政策网络理论框架进行了系统构建。罗茨根据各组织的成员类型、各组织的整合程度、组织间的资源互赖程度和互动关系的稳定程度，总结出了政策网络的五种类型呈连续分布的特征，包括政策社群（Policy Community）、专业网络（Professional Network）、府际网络（Intergovernmental Network）、生产者网络（Producer Network）和议题网络（Issue Network）[43]。韦克司（S.Wilks）和莱特（M.Wright）(1987) 采用社会中心途径（Social-centred Approach），将罗茨的分类运用到政府与工业界之间的关系研究（Government-industry Relations，GIR）上，并对其分类进行了修正，根据人际互动关系而非机构互动关系对政策网络的名称进行了重新界定，包括政策全域（Policy Universe）、政策社群（Policy Community）与政策网络（Policy Network）[44-45]。阿特金森（Atkinson）等（1989）根据行政权力的集中性、地方自治的自主性和利益团体的动员性三个方面,构建了六种政策网络类型,分别为压力多元主义(Pressure Pluralism)、恩庇式多元主义(Clientele Pluralism)、父权式多元主义(Parental Pluralism)、组合主义(Corporatism)、同心协力(Concentration)和国家机关主导(State Directed)的政策网络[46]。另外,还有学者根据政策过程的阶段划分,将政策网络分为"政策制定网络"和"政策执行网络"。在多种政策网络类型中,最具代表性的分类方式是马什和罗茨对原有模式做出的修正,认为政策网络次系统之间存在一个从宏观到微观的层次分布;同时,政策网络不仅存在于正式政治制度中,也存在于非正式制度中,表2-2列出了政策网络的类型与特征。

表2-2 政策网络的类型与特征

网络类型	网络特征
政策社群	稳定、高度有限的成员、垂直的相互依赖性、有限的平行意见
专业网络	稳定、高度有限的成员、垂直的相互依赖性、有限的平行意见、服务专业的利益
府际网络	有限的成员、有限的垂直相互依赖性、广泛的平行意见
生产者网络	流动的成员、有限的垂直相互依赖性、服务生产者的利益
议题网络	不太稳定、参与者人数很多、有限的垂直相互依赖性

资料来源:朱春奎等.政策网络与政策工具:理论基础与中国实践[M].上海:复旦大学出版社,2011.

本书要构建的我国耕地占补平衡政策网络包括由中央政府及其职能部门、地方政府及其职能部门、用地单位、开发商、农村集体经济组织和农民所组成的政策社群、府际网络和生产者网络,也包括由NGO、专家、学者、大众媒体和公众所组成的专业网络和议题网络。

4. 政策网络的理论流派

政策网络研究在不同的政治制度和文化传统下形成了三种主要的理论流派,在分析层次上呈宏观、中观和微观的角度,分别以美国、英国和欧洲其他国家为代表。

美国学者最先从微观层面关注人际互动关系。20世纪70年代,盛行于西方国家的多元主义受到统合主义的挑战,"亚政府"(Sub-government)和"铁三角"(Iron Triangles)理论形成。美国学者休·赫克罗(Hugh Heclo)提出了"议题网络"(Issue Networks)的全新概念,来解释"政策过程是多个集团和个人之间复杂互动关系的结果",这被认为是政策网络的雏形概念。

英国学者侧重研究中观层面的政府和利益集团之间的关系。"议题网络"的提出给英国学者带来很大启发,英国议会在政策制定过程中依赖官僚机构与利益集团之间的互动过程,并且形成针对不同政策问题的"政策共同体",其政策网络过程是一种资源交换过程。在英国学者的推动下,"铁三角"和"议题网络"的政治影响逐渐被"政策社群"所取代。

欧洲其他国家则从宏观层面和治理角度研究国家和社会的关系问题。该理论流派的形成来源于20世纪70年代的欧洲社会变革。社会团体和私人部门迅速发展,政府能力逐渐衰微。在这种情况下,政策制定过程趋向于各种社会力量的复杂互动关系,政府和社会的界限变得模糊。"政策网络"被认为是相对稳定和持续的关系网,也被认为是与官僚机制和市场机制三足鼎立的社会治理模式。

5. 政策网络、政策共同体和政策过程

随着政策科学研究的发展,政策网络理论不断得到丰富和拓展。政策网络、政策共同体与政策过程等关键要素的结合,形成了政策研究的结构性框架。正是在这些关键因素的综合作用下,政策才得以调整、完善和重新制定,才推动了新的政策循环的开始。

首先,政策网络的含义可以限定为所有政策行动者成员中的一个子集,这些成员定期地进行相互交流,共同关注某些政策问题。因此,政策网络的成员是以某种程度的共同信息和价值为基础联系在一起的,当然其成员之间的关系还要有一定的物质利益来支撑[43]。

其次,相对于政策网络而言,政策共同体是一种比政策网络更紧密的集合形式,即政策共同体是一种相对稳定的结合体,其中的人们来自范围广泛的组织,他们发现他们一起被置于一个共同的持续基础之上来解决政策问题,这些问题永久地驻扎在每个政策来源的周围[43]。罗茨(Rhodes,1997)归纳了政策共同体的四个特征:①拥有相对有限的成员,经常是因为经济利益或专业利益而结合在一起,有时故意排除其他的利益;②分享价值并频繁地互动;③交换资源,而集团的领袖能够管理这种交换活动;④组织成员拥有的权力是相对平衡的[43]。总之,政策网络在一定条件下可以发展或凝聚成政策共同体,而政策共同体则在一定条件下会分化成松散的政策网络。

最后，政策过程阶段论将政策过程划分为政策议程、政策制定、政策合法化、政策执行、政策评估、政策终结和政策反馈等若干逻辑阶段。虽然这种划分方法具有很强的主观性，为了描述和分析的需要，本书遵循已有的政策过程阶段划分方法，将更加专注于政策过程的各个特定阶段中政策网络和政策共同体所发生的变化，以及这些变化对政策结果的影响。因此，政策过程也可以大体上被看作是各类共同体设定政策议程、确定政策目标，并进行政策制定和合法化，付诸政策执行、评估和调整的过程。显然，每个政策阶段的参与者或政策共同体是不完全相同的。虽然有些核心的政策决策者可能会参与政策过程的大多数环节，但总会有一些政策参与者会在不同的阶段进入或退出。这表明对于许多政策而言，政策共同体在政策过程中是变动的[43]。图2-2呈现了政策过程和政策共同体的关系，以及在政策过程不同阶段的政策共同体的变化情况。

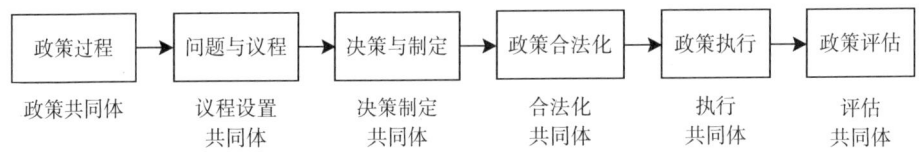

图2-2 政策共同体在政策过程中的变化情况

资料来源：笔者绘制。

三、政策网络理论在本书中的适用性

目前，政策网络分析已经在公共政策领域得到广泛的应用，用来解释各种社会现象中多种参与主体的结构特征、价值取向、利益关系、行为方式和对政策结果的影响。本书认为，公共政策涉及广泛的社会关系和利益调整，而政策网络分析法正是从公共政策分析的角度出发，适宜用来分析政策实施过程中各种参与主体的角色特征、价值取向和行为方式，以及它们之间动态的、多种多样的联系。概括来说，政策网络理论在本书中的适用性体现在以下三个方面。

1. 政策网络理论为科技治理政策和土地政策研究提供全新视角

以往的耕地占补平衡政策研究，大多从农学和经济学角度出发，侧重于微观层面的技术操作和改进措施研究；在为数不多的耕地占补平衡政策分析文献中，基本采取按时间阶段划分，直观展现政策演变过程的方式。

这种阶段性的研究方式有助于简化问题，便于分析理解整个政策过程的全貌。然而，这种程序性的政策过程阶段论在现实政策分析实践中显得过于简单、生硬而且机械，因为它无法体现各种政策参与者之间的复杂性关系和动态变化，更无法解释政策变迁的真实动力。政策网络理论为耕地占补平衡政策研究提供了全新视角。本书从我国耕地占补平衡政策整体结构出发，将政策目标、政策主体、政策客体、政策内容、政策过程和政策结果等关键要素都纳入"耕地占补平衡政策网络"中，分别从政策主体、政策内容和政策过程三个层次系统研究耕地占补平衡政策问题。在这个政策网络中，各种政策主体在网络结构中完成各自的资源和信息互换，相互依赖，相互作用；而政策结果也是各种政策主体相互协商、相互博弈的作用结果，如图2-3所示。

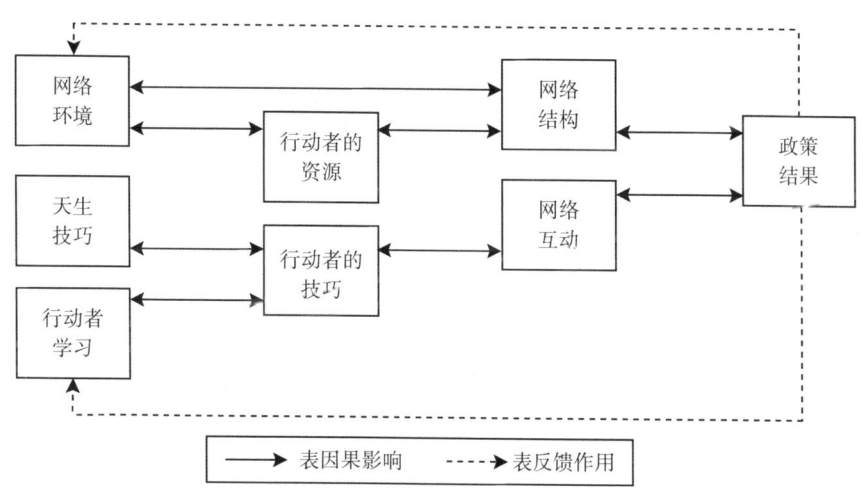

图 2-3 政策网络与政策结果

资料来源：朱春奎等.政策网络与政策工具：理论基础与中国实践 [M].上海：复旦大学出版社，2011.

图2-3呈现了政策网络辩证模式，表示在政策网络内，几乎各种宏观、中观和微观的所有关系都是交互影响的，因此所有箭头都是双向的[47]。如前所述，本书将构建一个完整的政策网络结构模式，将影响政策的关键性内外因素，如网络环境、网络结构、网络行动者互动和政策结果等有机联系起来，实现网络结构各层次之间的关联互动。

2. 政策网络理论有助于分析各种政策主体的构成及行为互动

已有相关研究认为:"政策网络是由于共同的利益或资源,相互依赖而联系在一起的一群组织或者若干群组织的联合体。它们之间的联系是动态的、多种多样的,这些联合体相互协调影响政治决策[48]。"耕地占补平衡政策的实施涉及广泛的参与主体,包括中央政府、地方政府、用地单位、开发商、被征收人,甚至是社会公众。不同的政策主体分属于政策网络的各个网络层次,在政策过程中形成各种关系,或竞争,或结盟,或合作,或冲突。耕地占补平衡政策既是各种关系形成的诱因,同时也是各种主体间的利益调和手段。

借助于政策网络理论分析耕地占补平衡政策网络行动者类型,既有利于直观地呈现各种政策主体的构成及行为互动,又有利于考察政策网络结构在不同阶段所发生的变化。因此,政策网络理论适用于剖析耕地占补平衡政策网络中的政策社群、府际网络、生产者网络和其他利益集团之间的博弈过程。

3. 政策网络理论能够更好地解释公共政策运行过程

耕地占补平衡政策自1997年实施至今有十余年的时间,期间政策的不断调整使政策过程呈现复杂性特点,因此无法以"政策过程阶段论"的简单循环过程来描述。为此,本书运用政策网络理论,借助"网络"的概念,从"系统"和"联系"的角度来分析政策过程,将耕地占补平衡政策议程、政策制定、政策合法化、政策执行、政策评估、政策反馈和政策调整等若干逻辑阶段都纳入封闭的、动态的、循环运行的网络系统,各个环节之间形成相互衔接、相互影响、相互制约的网络链条。依据耕地占补平衡政策的客观运行情况,将政策过程各阶段的参与群体与政府关系都视为动态运行网络的基本要素。各种行动者在政策过程中建立相对稳定的社会关系形态,以促进政策的形成和发展,这不仅使政策运行网络具备完整的网络结构,而且网络行动者可以在网络结构中互动,推动政策结果的形成,从而实现政策运行网络的循环过程。因此,对于较为复杂的政策分析,政策网络理论显然优于政策过程阶段论,能够更好地解释政策的运行过程。

第三节 创新生态体系理论

一、创新理论

在当前"大众创业、万众创新"的时代背景下,"创新"(Innovation)一词成为当下中国使用频率最高的一个词,如技术创新、企业创新、政府创新、制度创新、创新创业项目等。同时,"创新"也是含义最广的一个词——通常我们的理解是,凡是创造一个新产品、产生一个新想法都可以叫作"创新",人们甚至将"创新"与一些同义词等同起来,如新的(New)、变化(Change)、改良(Change Better)、改革(Reform)等。

1. 国外的"创新"概念内涵

在创新学界,必须要提及的一个人物是约瑟夫·熊彼特(Joseph Schumpeter)。他是美籍奥地利人,被称为"创新之父"。熊彼特对于创新学的主要贡献包括两个方面:一方面,熊彼特于1912年提出"创新"的概念。他认为"创新"是"改变生产方式,产生新产品,将技术等要素引入生产体系而发生变革的过程"。简单地说,"创新是现有资源的重新组合"[49]。另一方面,熊彼特对于创新学的最大贡献是把"创新"从"发明"中区别开来。他认为"发明"是指首次提出一种新产品或者新工艺的想法;而"创新"则是首次尝试将这个新想法付诸实施。发明并不必然导致创新,在发明和创新之间可以有一个很明显的"时间差";创新只是在实现新产品、新工艺的首次商业交易(实现商业价值)时才算完成[49]。

2. 国内的"创新"概念内涵

以下从创新的背景、要素和分析框架三个方面阐述国内的创新概念内涵。

(1) 创新的产生背景。第一,政策背景。当前,"大众创业、万众创新"的理念正日益深入人心,也被简称为"双创"。这一概念最早是由李克强总理于2014年在达沃斯论坛上提出的。当时他提出,要在中国960万平方公里的土地上掀起"大众创业、草根创业、万众创新、人人创新"

的新浪潮，希望激发民族的创业精神和创新基因。第二，学术背景。在学术领域，我们从"中国知网"搜索"创新"相关文献，可以发现1949年以来，题目含有"创新"二字的学术论文共有53万余篇。我国最早的创新文献出现于20世纪五六十年代，主要体现在"体育纪录创新"和"文艺创新"领域。到了八九十年代，创新文献数量呈上升趋势，90年代增长速度最快，研究领域发生转移，过渡到"技术创新"。2000年后，尤其是2006年以后，"创新"成为学术热点，每年4万余篇文献出现，平均每天都会产生100多篇创新文献。第三，现实背景。创新已上升到国家战略、公共政策层面，并成为学术热点，因为在现实生活中，创新无处不在。例1：苹果手机对诺基亚的替代。就在几年前，苹果手机并没有试图创造一种比诺基亚质量更好、价格更便宜的手机去抢占诺基亚市场，而是重新定义了手机，将音乐、游戏、图片、视频、互联网搜索、社交媒体等功能揉进了手机，悄然创建了完全不同的"手机生态体系"。例2："电商"对"商店"的冲击。当前，铺天盖地的"网购"侵蚀着实体店的营业额。我们说，颠覆"商店"的并不是某几家"电商"，而是这个时代。例3：MOOC对传统教育的挑战。我们经常提到的"慕课"，它是英文"MOOC"的音译，全称是"Massive Open Online Courses"，也就是"大规模开放式网络课程"，像真正的大学一样，MOOC有一套自己的学习和管理系统，而且它们的课程都是免费的。对于传统教育，不得不说MOOC构成了一种全新的挑战！

（2）创新要素。推动创新形成，必然存在必不可少的因素。通常情况下，"创新要素"组成包括四个方面：创新主体、机会、环境、资源。在这四个创新要素中，只有创新主体是唯一具备主观能动性的要素，其作用最为重要。

"大众创业、万众创新"，即"双创"的提出，标志着创新被上升到国家战略，把创新从过去的"自上而下"扩展到"自上而下"和"自下而上"两个方向。我们所熟悉的"自上而下的创新"是利用国家力量，如造原子弹、登月；但如果从创新数量和影响范围来讲，历史证明，还是"自下而上的创新"更为根本，西方创新史记录的是西方国家的草根创新，而李克强总理强调的"大众创业、万众创新"也是基于哈耶克理论关于分散信息和分散知识的使用。因此，创新主体通常是指创新的源头——企业，还可以是科研单位、政府，以及个人。

（3）创新的分析框架。目前，创新已不只是学术上的用语，已经成为媒体、官员和学者使用的常用语，许多著作对创新研究进行了总结性解读，如对从宏观层面的创新与经济增长、国家创新体系，到中观层面的产业创新体系、区域创新体系，再到微观层面的创新网络、企业创新，都进行了专门的解读[49]，简单地说，即构建了由国家创新、产业创新、企业创新构成的分析框架。

二、创新研究从"创新系统"逐渐走向"创新生态体系"

创新研究的一个重要发现是：在创新过程中，各种创新主体（政府、企业、高校、科研机构和公众等）的合作是非常重要的，而且创新行为也受到一定的制度规则的影响。因此，创新系统方法被认为是创新过程的决定因素，包括所有影响创新的开发、扩散和使用的重要的经济、社会、政治、组织、制度和其他因素，其中组织和制度被视为创新系统的主要要素。目前，创新研究从"创新系统"逐渐走向"创新生态体系"，成为学术研究的一个新热点。

借鉴上文，以创新主体为线索，分析创新生态体系的基本内涵，因为创新生态体系就是界定创新主体之间关系的一种组织体系。这里，我们借鉴自然界"生态体系"(Ecosystem) 的概念，是对人类组织及社会的一种隐喻。在定义"创新生态体系"之前，回顾一下自然界生态体系的特点是必要的，如池塘生态体系。在自然界，任何生物群落都不是孤立存在的，它们总是通过能量和物质的交换，与其生存的环境不可分割地相互联系、相互作用，共同形成一种统一的整体，这样的整体就是生态体系。

1. 创新生态体系的概念

借鉴生物学界的"生态体系"的概念和特征，创新生态体系是指围绕创新、战略及政策问题，多个创新主体之间，基于某些技术、人才、规则、文化、运作模式、市场等共同的创新要素而形成的，相互依赖、共生共赢，并且具有一定的稳定性、独立性的一种组织体系[50]。这个定义强调了三方面要素：多个创新主体，相互依赖、共生共赢，相对稳定和独立。

2. 创新生态体系的本质

尽管"创新生态体系"的概念来自对自然生态的一种隐喻，但它毕竟

是一种人类的经济社会体系,它除了具备自然生态那些共性特点之外,还具备自身独特的一些本质特点[50]:

第一,它本质上反映了创新主体之间的接近和凝聚。这种凝聚不仅表现为地理上的相近性,还表现在文化、经济、产业、人员的互动和交流上。

第二,它实质上代表了一种超越市场的合作关系。生态体系内部的创新主体之间不是一种单纯的市场买卖关系,而是基于对未来的共同利益期望形成的一种长期信任关系,体系内部往往形成了共同语言、共同行为模式和相互包容的文化。

第三,网络效应和互补效益明显。相互依赖、共生共赢,形成一种网状结构。在这张大网上,各种创新主体之间优势互补,目的是期望系统的整体竞争力大于单个组织之和。我们知道,一个健康的生态体系有利于物种的繁衍。

第四,存在路径依赖倾向。各种创新主体之间的依赖关系一旦形成,生态体系必然会对其中的个体有某种程度的锁定效应,它是对组织灵活性的一种限制。因此,创新生态体系对某一个个体而言,既是一种机遇,又是一种挑战。

3. 创新生态体系的外延

将"创新生态体系"概念延伸,研究企业、政府、创新、战略和政策问题,于是形成了很多新概念——企业生态体系、产业生态体系、政治生态、生态型政府等相关概念。

创新生态体系涉及众多创新主体,对产业兴衰和区域繁荣都至关重要,因此对国家治理具有启发意义。创新生态体系的自我演化非常重要,但是国家治理体系的干预和纠偏也不可或缺。本书将深入探讨这两种体系在公共政策领域的互动关系,以及动态演化的内在机制,并将重点讨论科技治理和土地政策两个领域的实证研究。

第三章 科技治理体系现代化：概念、特征与挑战[①]

中共十八届三中全会提出全面深化改革的总目标，即完善和发展中国特色社会主义制度，推进国家治理体系和治理能力现代化。科技治理体系及其现代化无疑在国家治理体系现代化中居于重要位置，没有科技治理体系的现代化，就不可能顺利创建创新型国家，也不可能实现创新驱动发展战略，它对于我国实现"两个一百年"的战略目标具有重要的基础性作用。因此，站在新的历史起点上，从理论基础、概念特征、分析框架及现实挑战等方面分析"科技治理体系现代化"问题具有重要的理论和现实意义。

第一节 "科技治理体系现代化"的概念内涵

一、科学、技术与创新的治理问题

经济合作与发展组织（OECD）较早关注了各国创新政策治理（Innovation Policy Governance）及科学、技术和创新治理（Science, Technology, Innovation Governance, STI Governance），并为此出台了一系列的研究报告。在 OECD 国家，"创新政策"（Innovation Policy）大多被看作是研发政策（R&D Policy）的扩展[51]；"科技、技术和创新治理"是指与创新相关的一

[①] 参见：吴金希，孙蕊，马蕾.科技治理体系现代化：概念、特征与挑战［J］.科学学与科学技术管理，2015，36（8）：3-9. 中国博士后科学基金第八批特别资助项目（2015T80103）. 中国人民大学复印报刊资料转载，2015 年第 11 期。

套公共制度安排，如激励结构与规则等，这些制度安排往往改变公共和私人行动者互动的方式。在这里，OECD 特别强调了互动和统筹协调的重要性，认为在协调不同部门、不同机构的创新政策的时候，往往比较困难。不会统筹协调的政府大多会出现治理失效[52]。

我国学者认为，创新政策应该是经济政策（产业政策）和科学技术政策相互协调的产物，其实质是技术创新的政府激励，即政府通过对技术行为的影响来促进或影响技术创新过程，采用政策措施促进技术创新的产生及其扩散[53]。近几年，与科技治理问题紧密相关，我国科技体制改革问题引起学者的广泛关注。例如，方新（2012）认为，解决科技与经济结合问题的立足点应由科研院所转向企业，优化科技资源配置的重点应由数量增长转向注重效益，深化科研院所和高等院校体制改革重在能力建设和制度建设等[54]。王元（2012）认为，创新是多种要素的集合，既不是一个简单的技术研发过程，也不是一个单纯的经济过程。因此，它必须在管理、组织和政策层面加强部门之间，以及中央与地方之间的协同[55]。穆荣平（2014）认为，创新的本质是复杂的价值创造过程，创新系统的主要功能是创造新的价值，包括科学价值、技术价值、经济价值、社会价值和文化价值；创新系统构成、创新系统功能和创新政策之间存在内在的逻辑关系[56]。柳卸林（2015）建议决策部门应从创新生态的角度重新思考我国科技管理模式，从培育更具竞争力的创新生态系统着手，提高国家科技管理的效率和产业创新的能力[57]。这些观点加深了人们对我国科技治理体系问题的认识。

二、"科技治理体系现代化"概念的提出

与过去我们讨论的科技体制改革有所不同，在国家治理体系和治理能力现代化的大背景下，认真思考科技治理体系的现代化问题是有积极的现实意义的。结合前人论述，我们在此尝试给出"科技治理体系现代化"的定义，我们认为，科技治理体系现代化是指为实现科技创新可持续发展、参与各方长期共赢，与科技创新相关的政府、企业、大学、科研院所、个人、社会团体等多个利益主体和行动者之间协同、合作、交流、互动，以使我国科技创新相关制度体系和治理过程逐步实现法治化、科学化、民主化和文明化的过程。

第三章 科技治理体系现代化：概念、特征与挑战

第二节 "科技治理体系现代化"概念的基本特征

为全面理解"科技治理体系现代化"的概念，我们应该从以下几个方面把握其基本特征：

一、强调对科学、技术和创新（STI）的治理

"科技治理体系现代化"这个概念不仅仅指 S&T（Science & Technology）治理，而是指 STI（Science，Technology & Innovation）治理。科技治理体系现代化的目的是促进我国的科学技术发展和创新型国家的建设，治理不仅仅关乎科学发现、人类文明进步，更关乎科技成果转化、创新驱动发展、创新改造生产力等，这一点与 OECD 所提出的 STI 治理类似。过去，我们片面理解"科技是第一生产力"的内涵，几次科技体制改革也往往局限于科教战线，忽视了科技与经济战线主战场的结合问题，而科技治理不仅是科技的问题，还应该强调对创新的治理，即科技成果的转移和转化中的治理问题。

二、与过去的科技体制改革不同，这个概念强调多主体民主参与

通过前面文献综述我们可以看到，治理的关键在于决策制定和执行过程中利益相关者的互动、参与，达到多行动主体的协同治理，做到公开、透明、公平、公正、协调、可持续。这一点与过去几次科技体制改革的出发点是截然不同的[58]。过去科技体制改革一般是国家科技行政主管部门主导做出的制度变革，而科技治理体系现代化所涉及的利益相关者和行动者则不仅仅是科技行政管理部门，它还包括其他部门、地方政府、企业、科研院所、大学、科学家个人及其学术团体、社会公众，甚至包括国外一些利益相关者等。科技治理的过程是这些利益相关者互动协商，最终实现长期共赢的过程。

三、完善的制度体系是科技治理体系现代化的法制基础

它强调科技治理体系要以完善的制度体系为基础,这是治理体系现代化的法制基础,既体现为由国家立法、行业行政法规、地方性法规和行政规章等组成的制度平台,又包括政府治理、市场治理和社会治理的三个治理层面。同时,科技治理制度体系还包括各行为主体治理体系,如现代大学治理体系、现代科研院所治理体系、企业的创新治理体系等。

四、科技治理体系现代化的目的是利益相关者的长期共赢

未来的科技治理体系现代化要至少做到五个"有利于":有利于实现国家科技战略目标,如在关键科技领域,我国要占有一席之地,甚至取得国际领先优势;有利于提升国家产业竞争力,科技发展要促进我国传统产业和新兴产业协调发展;有利于提升人民的福祉,科技创新最终要促进生活更美好,人民健康水平提高;有利于环境社会可持续发展,科技创新的发展要着眼于经济社会的长期利益,做到长期利益最大化;有利于促进人类文明进步,科学新发现促进人类认识水平提高。

五、法治化、科学化、民主化、文明化为科技治理体系现代化的标志

衡量一个国家的科技治理体系是否现代化,至少有以下四个标志:其一,法治化,即宪法和法律成为公共科技治理的最高权威,法治体系是科技治理体系的基本内容,实现依法治国、公平正义、在法律面前人人平等;其二,科学化,不仅指高科技研发和产品应用,而且更加强调科技治理层面的决策科学化、规范化、制度化;其三,民主化,即公共治理和制度安排都要从根本上体现人民的意志和人民的主体地位;其四,现代化,即人类文明发展与进步的标志。因此,文明化是科技治理体系现代化的时代特征。

第三章 科技治理体系现代化：概念、特征与挑战

第三节 影响我国科技治理体系现代化的制约因素

事实上，近两年来，我国高度重视科技体制改革的问题。2012年，中共中央、国务院出台了《关于深化科技体制改革加快国家创新体系建设的意见》，明确了"坚持创新驱动、服务发展；坚持企业主体、协同创新；坚持政府支持、市场导向；坚持统筹协调、遵循规律；坚持改革开放、合作共赢"等原则[59]。中共十八大强调了创新驱动发展战略，把科技创新摆在国家发展全局的核心位置，我国科技事业处在一个新的历史起点上。

2014年，为落实中央一系列指示精神，科技部和财政部联合制定了《关于深化中央财政科技计划（专项、基金等）管理改革的方案》。该方案的目标是建立公开统一的国家科技管理平台，强化顶层设计，打破条块分割，改变过去科技计划林立、统筹协调缺乏、重复交叉严重、资源配置效率不高的问题。未来，方案提出的一些政策措施将陆续得到贯彻实施，相信这些政策和措施的出台必将加快我国科技治理现代化的进程。当然，与科技治理体系现代化的理想目标相比，我们的改革仍然任重而道远。未来，尤其需要在克服如下瓶颈制约方面攻坚克难、聚力前行。

一、创新链与资金链的协调问题

促进科技与经济的深度融合是科技治理体系改革的核心目标之一，"围绕产业链部署创新链，围绕创新链完善资金链"无疑是未来科技治理体系现代化改革的重点，但是，如何将产业链、创新链和资金链协调起来仍然需要进一步探索。过去，我们往往强调科技的发展而忽视了它的应用转化，在创新的链条上存在太多的"死亡之谷"和"最后一公里"的"断崖"现象，使得大多数科技成果没有真正形成生产力。未来，除了继续稳步增加基础科学的投入之外，我们还应着力在治理的体制机制上全面打造创新的良好环境，尤其要改变现在以论文和专利数量为主的简单化考核倾向。

二、科技创新主体自身的治理体系及能力建设问题

近几年,大学、科研院所的"世界一流"化改革风潮日甚一日。国际化本身并不存在问题,但是,过分看重一些所谓的国际"流行指标"往往使得我们的科研院所迷失发展方向。尤其是"SCI"导向的考核机制严重"绑架"了我国科研人员,大大制约了我国创新体系能力的发挥。相反,现代大学治理体系、现代科研院所的治理改革却多年止步不前,大学及科研院所行政化导向的痼疾长期得不到解决,这其实应该是科技治理体系现代化改革的重点。

三、科技资源配置中的政府与市场的定位与协调问题

过去,由于缺乏宏观协调,不同政府主管部门将过多的精力放在了具体科研项目的管理上,导致科技资源的重复分配和碎片化的现象比较严重,反而弱化了政府在纠正市场失灵方面的作用,使得政府在聚焦国家重大战略任务、优化科技计划(专项、基金等)布局时迷失了方向。未来,政府科技资源的统一管理平台建成以后,政府将不再直接管理具体科技项目,因此,第三方专业管理机构的发展、自律及监管问题变得日益紧迫。另外,在处理政府与市场的关系时,我们往往存在非此即彼的误区。国外PPP(Public-private Partnership)模式就是一种很好的治理经验,它鼓励政府和私人机构合作,在发挥市场在资源配置中的基础作用的同时,也发挥了政府的引导作用。

四、治理过程的公众参与问题

科技治理体系现代化特别提倡民主、多元、透明、上下互动、网络化的治理思维,任何科技创新政策的出台都要充分咨询、尊重利益相关者的意见。除了吸收企业、院所、科学家和社会公众等参与到治理过程中,更重要的是建立公开、透明的监管制度体系,否则民主参与只是一句空话。

五、创新文化、要素流动与协同创新的问题

受到体制与文化影响,我国大学与大学、大学与科研单位之间人才和知识资源的流动性差。大学和科研机构之间的恶性竞争造成了重复科研和资源浪费现象,大大影响了国家创新绩效。因此,必须从改良创新文化着手,打造健康的创新生态体系,促进协同创新,这也是科技治理体系改革的重点内容。

另外,军民科技资源融合问题、中央与地方政策协调问题等,也都是我国科技治理体系现代化改革应重点考虑的问题,限于篇幅,在此不再赘述。

第四节 结论与启示

展望未来,我国科技治理体系现代化的建设必将是一个长期的艰苦过程。我们必须将顶层设计与实践探索紧密结合起来,提高紧迫意识和忧患意识,着力从当前存在的突出问题和瓶颈制约入手,逐步系统地加以解决,以促进我国科技治理体系现代化目标的早日实现。

第四章 政策生命周期视野下的中国创新政策演变[①]

自 1912 年美国经济学家约瑟夫·熊彼特[60]研究"创新理论"至今，国外理论界分别从经济学、管理学、社会学和哲学等多个角度对"创新"进行了系统研究。然而，国内的创新政策研究相对科技政策要晚得多。中国创新政策被认为是由科技政策演变而来，并与产业政策、经济政策逐步协同发展。我国较早的有关"创新"的文献出现于 20 世纪 70 年代，而创新政策文献还不多见；进入 90 年代，相关文献数量逐渐增长；21 世纪以来，创新政策受到学术界的关注，并逐渐成为相对独立的政策研究领域。目前，我国广大学者对创新政策演变的研究主要集中在创新政策历史演进研究[61-64]、创新政策效力和类别[65]、创新政策工具[66]、创新政策理论基础的演变轨迹[67]等方面。现有研究大多以时间顺序为依据，鲜有以政策分析为基本维度，更缺乏对创新政策内在机制和运行规律的系统研究。本章从公共政策研究视角，构建政策生命周期模型，基于创新政策本身的公共政策属性和运行机制，分析中国创新政策演变过程，揭示中国创新政策演变的周期性规律。

---

① 参见：孙蕊，吴金希，王少洪. 中国创新政策演变过程及周期性规律[J]. 科学学与科学技术管理，2016，37（3）：13-20. 中国博士后科学基金第八批特别资助项目（2015T80103）. 中国人民大学复印报刊资料转载，2016 年第 5 期. 荣获《科学学与科学技术管理》2016 年度十佳论文。

第一节　创新政策的概念及内涵

一、创新政策的概念

国际上较早的对创新政策（Innovation Policy）定义的阐述出现于1982年的OECD报告；在此之前，创新政策往往与科学政策（Science Policy）和技术政策（Technology Policy）混为一谈，很多文献将三者统称为科技创新政策，这也是人们对创新政策最初的理解方式。尽管它们之间具有紧密的联系（如"科学→技术→创新"经典的科技创新线性模型），但由于科学、技术与创新三类活动存在本质的差异，三类政策的关注点也具有较大的差异[53]。同时，创新政策也被理解为科技政策与产业政策、经济政策的协同发展，其与科学政策、技术政策、产业政策和经济政策等在概念上有着根本性的区别，如表4-1所示。

表4-1　创新政策与科学政策、技术政策、产业政策和经济政策概念的对比

名称	定义
科学政策	反映国家根本目标，主要涉及基础科学的研究、科学经费的拨款、科研组织管理、科研成果的推广应用和国际科学交流与合作[68-69]
技术政策	规划和指导技术的发展方向、目标和任务，是一个领域技术发展和经济建设进行宏观管理的重要依据[69-70]
产业政策	政府依据区域总体经济运行现状和发展规律，进一步预测未来发展趋势，为弥补现有缺陷，适应未来发展，从而综合运用经济、法律以及必要的行政手段，对特定产业进行干预，以合理配置资源，促进产业发展，提高优势竞争力的政策体系[71-74]
经济政策	国家或政府为了达到充分就业、价格水平稳定、经济快速增长、国际收支平衡等宏观经济政策的目标，为增进经济福利而制定的解决经济问题的指导原则和措施[75]
创新政策	（1）一国政府为促进技术创新活动的产生和发展、规范创新主体行为而制定并运用各种直接或间接的政策和措施的总和[76] （2）科技政策和产业政策协调的结合，它是一个整合的概念；中华人民共和国成立后的大部分时间内，有关创新政策的内容是包括在科技政策与产业政策之中的[77-79] （3）创新政策是科技政策的重要组成部分，与经济政策和产业政策紧密结合，包括能源、教育、人力资源的整合，而将科技政策与工业政策中有关推动创新的部分作为创新政策的核心[80-83]

资料来源：参照周寄中（1991）、伍蓓（2007）、国家科学技术委员会（1986~1999）、张永安（2012）、小宫隆太郎（1988）、谢凤华（2008）、Hodeler R.（2009）、连燕华（1998）和Roy Rothwell（1986）等整理。

第四章 政策生命周期视野下的中国创新政策演变

由此可知，创新政策是按照创新理论的思想，针对国家科技、教育、产业、经济等多维度、全过程支持创新活动的开展。从创新过程的源头来看，科学政策突出国家宏观层面对基础科学研究和开发环节的规划和管理，重点关注科学前沿问题，倾向于科学理论研究，强调国家战略和根本目标，而且科学政策对于创新活动的经济效益和商业化关注还有很大不足。技术政策既是政府对技术进步和经济建设进行宏观指导的政策性规定，也体现在企业、技术群体或经济项目建设的微观经济活动中[84]，其相对于创新政策而言，更加关注创新过程中科学知识的应用以及科技成果的商业化过程，但我国对技术创新行为的系统性认识还有待加强。产业政策在中观层面发挥着不可替代的作用，以提升产业综合竞争力为政策目标，发挥着承接政府和企业的导向作用和职能，既包括纲领性文件，也包括具体操作性文件。当前，经济政策与创新政策的关系与前面三类政策相比更为紧密，国家经济增长依靠创新政策的有效实施；经济政策也为创新活动提供支撑环境和制度基础。可见，科学政策、技术政策、产业政策及经济政策并不是经历了由一种政策演变为另一种政策形式的线性变化，它们之间是相辅相成、互为促进的。目前，创新政策作为一种更进步、更系统的形式，将各种政策重叠交叉在一起，形成各种政策组合，提升政策整体效应。

二、创新政策的内涵

尽管创新政策手段的应用已有数百年的历史，但国际上认为对创新政策定义的阐述出现于20世纪80年代[81]，也有学者将创新政策诞生的时间提前至20世纪60年代[66]。但国内外政策研究者和制定者对"创新政策"并没有统一定义，其内涵主要集中于两个方面：从狭义上讲，学者们认为创新政策由科技政策发展而来，是科技政策与产业政策相结合的产物。例如，英国学者罗斯威尔（Rothwell）（1986）认为，"创新政策是科技政策和产业政策协调的结合"[77]；我国学者林迎星提出，"有关创新政策的内容是包括在科技政策与产业政策之中的"[64]。从广义上讲，创新政策被纳入一个更广泛、更系统的政策体系，包括对创新活动产生影响的所有政策、法律和法规。因此，创新政策和国家的科技政策、经济政策、产业政策、财政税收政策、教育政策等都有密切关系[85]。OECD科技委员会(1982)提出,发展创新政策是为了把科技政策与政府其他政策,特别是经济、社会和产业政策,包括能源、教育和人力资源政策形成一个整体[81][86]。我国学者徐大可等(2004)提出,"创新政策是指一个国家或地区的政府为了促进创新活动的大规模涌现、创新效率的不断提高、创新能力的不断增强而采取的公共政策的总和"[87]。从这种意义上说,创新政策涵盖众多领域,包括经济、社会、科技、文化等各个方面。本章将重点关注创新政策的狭义内涵,通过梳理中国科技政策向创新政策演变的发展脉络,从政策生命周期视角深入研究分析中国创新政策演变的模式及其周期性规律。

第二节 中国创新政策研究概况

根据 CNKI 数据库统计,我国较早的有关"创新"的文献研究出现于20世纪50年代。至今60多年间我国创新相关研究文献数量众多。以"科技创新"为关键词搜索到的期刊论文共计69721篇,以"技术创新"为关键词搜索到117903篇;然而,以"创新政策"为关键词搜索到的期刊论文仅为2740篇,占科技创新文献总量的1.46%①。总体上看,20世纪70~80年代,科技创新和创新政策相关文献数量不多见;进入90年代,相关文献数量增长迅速;21世纪以来,科技创新文献数量大幅度提高,创新政策逐渐受到学术界的更多关注。作为重要的制度基础和支撑环境,创新政策在国家创新体系构建中发挥着越来越重要的作用。通过对相关文献的梳理和归纳,学者们遵循不同的研究脉络,并选取不同方式对中国创新政策演变进行相关研究,概括起来大致有以下四种典型研究类型。

一、按照创新政策历史演进研究

陈劲和王飞绒(2005)[61]将1978~2000年我国创新政策演变划分为

---

① 根据 CNKI 数据库计算所得。

三个阶段，分别为 20 世纪 80 年代、1991~1994 年、1995~2000 年；范柏乃、段忠贤和汪蕾（2013）[62] 研究了 1978 年至今的创新政策演变，将其划分为重构科技体制阶段（1978~1985 年）、建立研发投入机制阶段（1986~1998 年）、促进科技成果转化阶段（1999~2005 年）和构建国家创新体系阶段（2006 年至今）；刘会武和王胜光（2009）[63] 基于"钻石模型"将我国创新战略及政策演变划分为模糊期（20 世纪 80 年代）、清晰期（20 世纪 90 年代）和提升期（21 世纪以来）；林迎星（2003）[64] 则延长了研究阶段，以 1949 年中华人民共和国成立为研究起点，将中国创新政策发展阶段划分为集中规划时期（1949~1966 年）、十年动乱时期（1966~1976 年）、改革开放初期（1977~1992 年）和改革开放深化时期（1992~2002 年）。

二、以政策效力和类别为基本维度

刘凤朝和孙玉涛（2007）[65] 分析了 1980~2005 年我国创新政策的演变路径。研究发现：我国创新政策从科技政策单向推进向科技政策和经济政策协同转变；从政府导向型向政府导向和市场调节协同型转变；从单项政策向政策组合转变。

三、基于政策工具的视角

程华和王婉君（2011）[66] 以 1979~2009 年为研究阶段，证实了 20 世纪 80 年代，我国创新政策以供给政策为主；90 年代，政府注重创新的环境；到 2009 年，环境政策比例已经高于供给政策；然而，需求政策被政府重视得较晚。

四、探寻创新政策理论基础的演变轨迹

苏英（2010）[67] 将中国创新政策理论基础的发展历程分为四个阶段："二分法"政策框架主导时期（20 世纪 70 年代）、新熊彼特学派政策主张占主导地位时期（20 世纪 80~90 年代）、国家创新系统政策时期（20 世纪 90 年代）和全面提升国家创新能力时期（21 世纪初）。

可见，现有中国创新政策演变的相关研究大多以政策演变的时间顺序为依据，鲜有以政策分析为基本维度的研究视角，更缺乏对创新政策的内在机制和运行规律的系统研究。

第三节　中国创新政策的演变过程、模式及周期性规律

一、政策生命周期理论分析与模型构建

世界上任何事物的发展过程都可以看作是一个生命周期——历经产生、成长、成熟和衰退这四个必经阶段。公共政策领域也是如此，政策都有一定的"寿命"[88]。从一项政策出台、实施到终结，整个政策过程构成了一个完整的政策生命周期。政策生命周期理论实质上是对政策过程的研究，是对于"政策生命"历程各个阶段的描述。通常意义上的政策生命周期是指一项政策从进入议程到终结所经过的整个过程，包括政策议程、政策制定、政策合法化、政策实施、政策评估、政策反馈、政策终结或政策修正等环节的单向运行过程。然而，到此阶段很多政策的"生命"并未终结，而是随着政策环境和政策问题的动态变化，确立新的政策目标，并逐步形成新的政策议程，从而推动政策模式转变，实现整个政策生命周期的循环往复过程（见图4-1）。

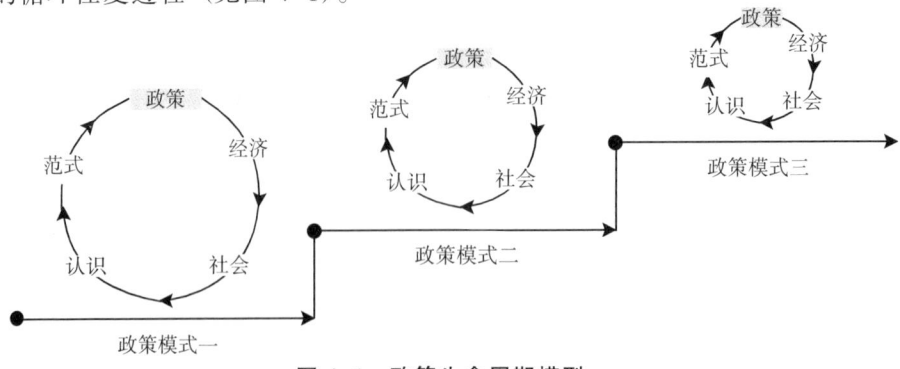

图4-1　政策生命周期模型

第四章 政策生命周期视野下的中国创新政策演变

如图 4-1 所示，可以从以下几个方面理解政策生命周期的基本特征：

第一，政策生命是多种影响因素综合作用的过程。具体来说，经济社会发展直接推动社会认识的形成，并导致政策范式的转变。归根结底，政策生命是"始于经济，终于经济"的，即在特定的社会发展阶段，必然存在与之相适应的社会认识和政策范式，从而形成特定的政策模式。随着经济社会发展、外部大环境变化，社会认识逐步发生转变，公共政策模式也随之不断更迭。

第二，政策生命呈现政策运行和政策发展的螺旋式上升过程。从微观层面看，一项政策的运行过程是将政策过程的若干逻辑阶段纳入封闭的、动态的循环系统，各个环节之间形成相互衔接、相互影响、相互制约的网络链条。政策运行不是在评估和终结之后就销声匿迹，而是通过被修正或调整之后继续发展，开始新一轮的生命周期循环。一项政策的终结可以被看成是初始政策生命运行周期的断点，它被终结之前的运行可视为一个相对完整的生命周期[89]。然而，政策问题界定是政策过程的起始步骤，由于政策环境受各种因素（如经济、社会、政治和国际因素等）的综合影响，政策问题本身也处于动态变化中，随着问题情境的时过境迁，政策制定者形成新议程并进行讨论和研究，适时对政策内容做出相应调整，实现政策发展，从而，在政策运行和政策发展的交替进行之间实现政策生命周期循环往复的螺旋式上升过程。

第三，政策生命具有单项政策运行的小周期和多项政策协同效应的大周期特征。①从总体趋势上看，经济社会发展推进政策模式转变，并向更高层次发展过渡。最初的单项政策在结束一个小周期循环后再进入另一个周期循环，其间政策目标、政策主体和政策内容都保持连续性、稳定性和渐进性特征。②政策生命时长受多种因素影响，包括社会发展阶段、政治决策周期、政府领导人更新换代等。③复杂政策生命周期从横向上包含若干子政策生命周期运行和发展；从纵向上又表现出由中央到地方政策的层级差异性特征。

二、中国创新政策的演变过程

借鉴以往研究成果，本章以 1978~2013 年的 35 年为时间阶段[①]，研究了中国创新政策自萌芽、产生到发展至今的政策发展脉络，总结了中国创新政策演变的基本模式。从政策生命周期的研究视角，认为中国创新政策模式经历了科技管理的市场化改革阶段（1978 年至 20 世纪 80~90 年代）、自主创新战略及其实施阶段（21 世纪初至 2012 年）和科技创新治理现代化阶段（2012 年至今）三种政策模式的交替更迭。

1. 科技管理的市场化改革阶段（1978 年至 20 世纪 80~90 年代）

改革开放以来，党和国家的工作重心由阶级斗争转移到经济建设上来。"科学技术是生产力"成为共识，并带来科技管理等领域的市场化改革。1985 年，中共中央发布了《关于科学技术体制改革的决定》，提出"依靠、面向"科技方针，确立了中国科技政策的新范式——从国防导向的科技政策转向经济导向的科技政策；从计划经济体制的范式转向市场经济体制的范式，中国科技体制从高度计划性体制向引入更多的市场机制的方向转型[90]。1995 年，中共中央、国务院颁布《关于加速科学技术进步的决定》，提出"科教兴国"的伟大战略，把科技和教育摆在经济、社会发展的重要位置。从总体上看，这一阶段的创新政策处于萌芽阶段，呈现以下特征：①确立了"科学技术是生产力"和"科教兴国"的科技战略；②创新政策以科技政策的形式存在，但具体政策措施还不健全；③创新政策以供给型和环境型政策为主；④党中央、国家领导人决策决定了中国创新政策的发展方向。

2. 自主创新战略及其实施阶段（21 世纪初至 2012 年）

21 世纪，中国尤为强调创新，加强自主创新能力建设，构建国家科技创新体系，努力将创新打造成国家经济发展的核心驱动力。2006 年，我国政府颁布了《国家中长期科学和技术发展规划纲要（2006~2020 年)》。同年，党中央和国务院做出了《关于实施科技规划纲要增强自主创新能力

[①] 本章以 1978 年为创新政策研究起点的原因有两个：一方面，我国从 1978 年开始实行改革开放，优先发展科技和教育等一系列理论和政策；另一方面，1978 年 3 月召开的全国科技大会，成为中国创新政策发展的重要开端。

的决定》，明确提出增强自主创新能力，努力建设创新型国家的目标。与此相呼应的是，我国从中央到地方各级创新政策迅速增长，具体表现在：①把增强自主创新能力作为科技发展的战略基点；②创新政策体系逐步形成并不断成熟，国家中长期规划和部门规章等配套政策相对完善，创新政策已覆盖法律、资金、基础设施、人才等主要领域；③企业开始成为技术创新的主体，大学在国家创新体系中的作用增强；④构建国家科技创新体系，加强区域创新体系建设；⑤关注科技创新活动的群众性和普及性。

3. 科技创新治理现代化阶段（2012年至今）

中共十八届三中全会提出全面深化改革的总目标，即完善和发展中国特色社会主义制度，推进国家治理体系和治理能力现代化。中国创新政策体系发展到了一个新的历史阶段，正在构建全面而高效的国家创新体系，提升以创新为核心的创新政策组合和战略。以科技创新政策为例，我国科技创新法律环境已基本健全，行业行政法规、规划纲要和部门规章不断得到丰富和整合，从一个不协调的、零散的科技政策的制定方式向一个协调的、具有整体性的政府决策方式转变；从致力于促进研发活动的政策向创造一个创新友好型框架的政策转变；从"千人一面"的政策措施向针对具体情况精细调节、体现差异性的政策措施转变，为创新提供满足其政策需求的更为精巧复杂的支持[9]。当前阶段，中国创新政策体系的主要特征为：①将创新置于其他政策领域的核心地位，尤其是与经济、社会、法律、产业、教育和能源等各领域的有机结合，逐步向系统化创新政策过渡；②充分运用财政、金融、税收、人才等方面政策的综合作用；③建立面向全球的开放式企业创新体系；④需求型政策逐渐被重视；⑤以各部门、各机构相互作用的创新网络已基本形成；⑥多个自主创新试点政策在各地落实，如设立中关村、东湖、张江和合芜蚌等国家自主创新示范区和综合试验区，并相继出台相关配套政策措施，包括资金支持、税收优惠、科技金融和产业联盟等。

三、中国创新政策的模式分析

创新政策手段应用数百年以来，其分析角度、方法应用及路径等都不一而同。我国创新政策的研究相对起步较晚。但是，中国现代化进程的快速螺旋式发展，直接促进了创新政策的快速跟进、调整、完善直至持续创新的一个接一个生命周期循环，也极大地推动了我国创新政策理论及实践的快速发展，并快速追赶世界创新政策研究的步伐，甚至在某些领域赶超世界先进水平。

与国外情况相似，中国创新政策的理论与实践发展也被认为是由科技政策演变而来，是一个与产业政策、经济政策逐步协同发展的政策变化过程，并已逐渐成为一个相对独立的政策领域。根据上节对中国创新政策演变过程的分析，将中国的创新政策以科技管理的市场化改革阶段、自主创新战略及其实施阶段、科技创新治理现代化阶段三个主要发展阶段为横轴，以科技战略和典型政策、政策目标、政策主体、政策特征四个主要的政策要素为纵轴，可以清晰地获得中国创新政策演变的模式图（见图4-2）。

科技创新发展模式	科技管理的市场化改革阶段（1978年至20世纪80~90年代）	自主创新战略及其实施阶段（21世纪初）	科技创新治理现代化阶段（2012年至今）
科技战略和典型政策	科学技术是生产力（1978） 科教兴国战略（1995） ● 《关于科学技术体制改革的决定》（1985） ● 《关于加速科学技术进步的决定》（1995）	自主创新战略（2006） ● 《关于实施科技规划纲要增强自主创新能力的决定》（2006）	创新驱动发展战略（2012） ● 《关于深化科技体制改革加快国家创新体系建设的意见》（2012）
政策目标	党和国家的工作重心转移到经济建设上来；科学技术成为经济、社会发展的关键推动力；推动科技创新向现实生产力转化；加强利于科技创新的体制建设与管理体系构建	探索使创新成为未来经济增长的驱动力，加强自主创新能力建设，构建国家科技创新体系	构建全面而高效的国家创新体系；提升以创新为核心的创新政策组合和战略
政策主体	国家领导人、党中央、全国人大、国务院、科技部（原国家科委）、教育部	全国人大、中共中央、国务院及其部委、高校、科研机构、企业、科技中介机构等	全国人大、中共中央、国务院及其部委、地方政府、高校、科研机构、企业、科技中介机构等

图4-2 中国创新政策演变模式

科技创新发展模式	科技管理的市场化改革阶段（1978年至20世纪80~90年代）	自主创新战略及其实施阶段（21世纪初）	科技创新治理现代化阶段（2012年至今）
政策特征	• 确立了"科学技术是生产力"和"科教兴国"的科技战略； • 创新政策以科技政策的形式存在； • 以供给型和环境型政策为主； • 科技资源向重大项目集中； • 党中央、国家领导人决策决定了中国创新政策的发展方向	• 把增强自主创新能力作为科技发展的战略基点； • 创新政策体系逐步形成并不断成熟； • 企业开始成为技术创新的主体，大学在国家创新体系中的作用增强； • 构建国家科技创新体系，加强区域创新体系建设； • 关注科技创新活动的群众性和普及性	• 将创新置于其他政策领域的核心地位，逐步向系统化创新政策过渡； • 充分运用财政、金融、税收、人才等方面政策的综合作用； • 建立面向全球的开放式企业创新体系； • 需求型政策逐渐被重视； • 以各部门、各机构相互作用的创新网络已基本形成； • 多个自主创新试点政策在各地落实

图 4-2 中国创新政策演变模式（续）

由图 4-2 可知，中国创新政策在战略和典型政策、政策目标、政策主体、政策特征四个维度都经历了由起步到自主创新，再由自主创新到创新驱动发展战略，这样一个从被动到主动，再由主动到自发的三个快速、短暂而又完整的生命周期。中国创新政策的这种快速螺旋式发展，同中国40年来的经济、社会发展奇迹息息相关，同时更是独特的中国特色社会主义制度的独有产物。20 世纪 80 年代以来，中国从以计划配置资源的方式快速转变到市场配置资源的方式，在极大解放生产力的同时，也释放了创新的正能量。诚然，由于中国独特的、优越的政治制度设计，可以快速地调整、修正甚至是彻底改革创新政策中的目标、主体、路径、方法等各种要素出现的问题，快速地促成创新政策的新的生命周期的开始。据此，在原有政策的基础上，充分发挥政府和市场的职能，双向交叉、及时快速地调整、修正和完善创新政策，并使之快速演变，从而形成新的生命周期，形成了中国创新政策独特的演变模式。

四、中国创新政策演变的周期性规律

根据政策生命周期理论及政策生命周期模型，以及我国创新政策实践及模式分析，我国创新政策演变呈现出其特有的政策生命特征，具体体现在政策发展总体趋势、政策决策模式和政策层级特点等几个具体方面。

1. 重大创新政策的连续性

从总体上看，中国创新政策正在由单项的科技政策向一个系统化的创新政策体系转变，正经历着创新政策模式向更高层次演变的发展阶段。在这一过程中，中国创新政策正在不断精益化、稳定化，历史上曾经出现的政策颠覆性现象越来越少见，呈现重大创新政策的连续性特征。这与中国所特有的公共行政模式具有正相关性；同时，政策制定者也应充分考虑到这一政策模式的负面影响，避免既得利益集团"绑架"政策，从而确保创新政策内容与经济发展、社会需求、公众利益能够有机结合。

2. 创新政策生命周期的缩短趋势

我国经济快速增长是创新政策演化的根本原因，社会发展、科技进步需要创新政策提供良好的制度基础和政策保障。然而，从我国的政治决策过程来看，"十年政治周期"和"五年规划"无疑对于中国的前行有着至关重要的影响；加上不断变化的经济、社会、政治和国际因素，创新政策与国家各领域、各区域政策的结合越来越紧密，政策内容得到不断的修正和完善。一方面，我国创新政策数量明显增加；另一方面，每项政策从议程、制定、实施，到终结或修正的时间跨度呈缩短趋势。然而，这与国家重大政策的连续性和稳定性特点并不矛盾，而是充分体现了相关配套政策的灵活性、针对性和适应性特点。同时，世界各国特别是发达国家政府都纷纷制定大量创新政策，对中国创新政策形成和调整都提供了经验借鉴。

3. 创新政策生命周期的层级差异性

我国实行由中央到地方的政府层级管理模式，在政府层级管理系统内进行自上而下的逐级管理。自改革开放以来，我国中央层面的创新政策以科技政策为最初生长点，并逐渐丰富和体系化。地方政策紧随其后，作为中央政策的具体落实和延续。1978年至20世纪90年代上半期，中国创新政策基本集中于中央层面，政策形式多表现为党的指导方针、法律、行政法规、中长期规划和重大项目等宏观政策。到了90年代中期，地方性法规开始出现并逐渐丰富起来，各省级政府相继出台地方创新政策。也就是说，继中央层面的创新政策完成一个生命周期之后，地方层面的创新政策也开始了一个新的生命周期，但是具体时间跨度和期限各省不尽相同，需要地方政府根据地方具体情况而确定。因此，这就完成了由中央层面到地方层面创新政策生命周期的循环往复,伴随新议程的加入,政策不断更迭交替,实现了政策生命周期的螺旋式上升过程。

总之,从政策生命周期理论的视角看,中国创新政策与其特有的公共行政模式具有正相关性,正在不断精益化、稳定化,历史上曾经出现的政策颠覆性现象越来越少见。但是,我国的政策制定者应充分考虑政策模式的负面影响,理性应用政策生命周期规律,根据政策环境和政策问题本身的动态变化,及时调整,实现创新政策生命周期螺旋式上升过程,从而确保创新政策内容与经济发展、社会需求、公众利益能够有机结合,构建全面而高效的国家创新体系,提升以创新为核心的创新政策组合和战略,不断推进我国的政治、经济、社会、文化和生态文明创新发展。

第五章 大数据背景下的公共政策量化研究：以我国战略性新兴产业政策为例[①]

战略性新兴产业是以重大技术突破和重大发展需求为基础，对经济社会全局和长远发展具有重大引领带动作用，知识技术密集、物质资源消耗少、成长潜力大、综合效益好的产业[92]。发展战略性新兴产业是我国转变经济增长方式、调整产业结构和实现可持续发展的内在需求，也是提高我国产品国际核心竞争力的必然选择。早在2009年5月，李克强在出席财政支持新能源与节能环保等新兴产业发展工作座谈会上就提出了"推动战略性新兴产业加快发展"的问题[93]。同年11月，温家宝向首都科技界发表题为"让科技引领中国可持续发展"的讲话，指出"必须重视发展战略性新兴产业"，并提出了选择战略性新兴产业的科学依据。2010年10月，国务院正式出台了《关于加快培育和发展战略性新兴产业的决定》（国发〔2010〕32号），将新能源、新材料、节能环保、新能源汽车、新一代信息技术、高端装备制造和生物医药产业确定为我国七大战略性新兴产业[92]。之后，发展战略性新兴产业成为我国重要的宏观经济政策，无论是从国家层面还是地方层面，无论是从目标规划还是具体措施，我国各级政府扶持战略性新兴产业的政策体系不断完善和健全。

[①] 参见：孙蕊，吴金希. 我国战略性新兴产业政策文本量化研究[J]. 科学学与科学技术管理，2015，36（2）：3-9. 中国博士后科学基金项目（2014M550758）。

第一节 战略性新兴产业政策回顾和样本选择

一、相关文献回顾

已有一些学者对我国战略性新兴产业政策情况进行了多角度的研究。有人按时间阶段将我国战略性新兴产业政策演进划分为前期准备阶段和全面启动阶段[94];有人按政策领域将现有政策划分为产业技术政策、市场培育政策、国际合作政策、产业投融资政策、税收政策和专项政策等几个方面[95];还有专家从政策工具视角将战略性新兴产业政策工具分为战略规划类、具体措施类、政策支持类和组织保障类[96];有的学者从国外战略性新兴产业最新发展情况、政府作用、区域布局、发展模式、评价指标,以及战略性新兴产业与金融业关系、与其他产业关系七个方面对产业政策研究进行梳理分析[97];有人分析发现,地方政府遵循中央政府制定战略性新兴产业政策的模式,多以省委和省政府联名发文,或由省政府单独发文的形式制定所在省"十二五"战略性新兴产业发展规划,通过对黑龙江、湖北、湖南、江西、山东、海南、陕西、北京和新疆九个省(市、区)的地方政策的比较,提出战略性新兴产业发展的政策建议[98];另外,还有学者基于产业生命周期的考量,根据产业发展各阶段特征,研究了各阶段的政策目标与措施,将战略性新兴产业政策分为引入期政策、成长期政策、成熟期政策和调整期政策,并构建了战略性新兴产业扶持政策模型[99]。

以上研究的确给人以启发,本章试图从产业发展特性和政策文本内容等方面着手,对我国战略性新兴产业政策内容及其背后的逻辑进行系统的分析。

二、战略性新兴产业政策的样本选择

2010年国务院出台《关于加快培育和发展战略性新兴产业的决定》后,

第五章 大数据背景下的公共政策量化研究：以我国战略性新兴产业政策为例

战略性新兴产业政策才真正成为国家宏观政策，之前领导讲话一般应该属于政策酝酿阶段。因此，本章关于战略性新兴产业政策的研究以此为起点，所选取的政策文本均来源于公开的数据资料，主要从我国主流媒体网站、中央政府相关部委门户网站，以及国内新兴产业相关协会及相关网站收集。政策表现形式为法律、决定、规划、条例、办法和通知等。

战略性新兴产业政策是由若干政策构成的政策体系：从横向上由若干具体行业、具体领域政策构成；从纵向上有国家政策和地方政策之分。为了保证政策样本选择的有效性和准确性，本章按照以下原则对政策文本进行了筛选和整理：①政策标题或内容一般都以"战略性新兴产业"为关键词；②政策发布部门均为中央政府及其职能部门，即本章的分析主体为国家层面的宏观性政策文件；③由于七大产业各具体领域的专项政策数量众多，本章只选取该领域的国家级政策文件作为代表性政策①。

按照以上标准，我们从众多政策文本中最终选取了符合标准的40个政策样本，以此为基础进行政策文本内容分析。

第二节 二维分析框架的构建

区别于一般公共政策，制定产业政策必须符合产业发展规律，进而才能有利于发挥市场的作用，有效配置资源，促进产业发展，兼顾社会公平。因此，本章从"产业发展维度"和"政策支持维度"两方面综合分析，构建二维分析框架。

一、产业发展维度

任何产业发展都具有各自不同的特征，尤其是其所处的产业生命周期不同，处于不同生命周期阶段的战略性新兴产业需要不同的政策加以引导

---

① 由于省及以下各级政府的产业规划、措施和相关政策层次不一，对象范围不同，在国家层面不具有权威性。为了保证本书样本选取标准的统一性，本章仅以国家层面的战略性新兴产业政策文本为研究对象。

和扶持。产业生命周期理论（Industry Life Cycle Theory）来源于产品生命周期理论（Product Life Cycle Theory），是由营销学奠基人西奥多·莱维特（Theodore Levitt）于 1965 年提出的[100]。西奥多认为，产品生命周期包括开发阶段（Development Stage）、成长阶段（Growth Stage）、成熟阶段（Maturity Stage）和衰退阶段（Decline Stage）。在此基础上，有学者认为有关产业生命周期的研究始于 1982 年迈克尔·戈尔特（Michael Gort）和史提芬·克莱珀（Steven Klepper）对 46 个产品生命周期的跟踪研究[101]，从而完成了从以观察个别产品作为分析单位的产品生命周期观念向以产业组织方法分析内生的产业演化的转移。这项研究引发了大量的关于产业生命周期的讨论，也逐渐形成了导入期、成长期、成熟期、衰退或蜕变期四个发展阶段的产业生命周期的划分[102]。

由于战略性新兴产业所涉及的七大产业都有其特有的自身特点和发展规律，因此具体生命周期不同。本章从产业发展的整体角度出发，将战略性新兴产业生命周期看作一个长期的产业结构升级过程，进而综合分析战略性新兴产业的阶段性和共同性的规律特征。

二、政策支持维度

与其他产业相同，战略性新兴产业也将遵循产业生命周期发展规律，完成产业自身的"内生演化"过程。然而，产业政策会作为一种外在力量，对产业发展过程进行"人为设计"。尤其在我国现有体制下，由于战略性新兴产业具有产业转型、科技发展、解决民生问题、利于国防建设，以及带动其他产业发展的重要战略意义，因此政府希望成为发展战略性新兴产业的有力推动者，并在产业发展不同阶段出台相应的、有效的政策措施。

本章首先对我国战略性新兴产业政策样本进行了初步整理统计：①从出台时间上看，2010 年的政策样本 3 项，2011 年 9 项，2012 年 20 项，2013 年 8 项。②从纵向层级上看，在我国现行的政治体制下，不同的权力主体发布的政策具备不同的效力级别。按照政策主体的权力序列划分，本章从四个方面分析战略性新兴产业政策样本的基本构成，即中共中央、国务院、国家部委，以及各机构联合制定的战略性新兴产业政策，具体包括国务院、发改委、工信部、财政部、科技部、国资委、商务部、环保

第五章　大数据背景下的公共政策量化研究：以我国战略性新兴产业政策为例

部、海关总署、税务总局、质检总局、知识产权局、教育部、中国科学院、中国工程院和国家自然科学基金会等。③从政策内容上看，现有政策涉及产业技术支持、市场培育、国际合作、产业投融资、税收优惠和专项政策等各方面。④从政策形式上看，政策样本具体包括战略规划、条例、办法和通知等各种形式。⑤从政策工具上看，现有政策样本又可分为供给型、环境型和需求型三种政策类型。

第三节　政策文本的内容分析单元编码

一、政策文本编码

本章采用"自然编码"和"结构化编码"相结合的方式，即以政策文本的自然属性为主要编码规则，并结合战略性新兴产业政策出台时间的先后顺序，将40项政策文件分别编码，并绘制成表格。

二、提炼政策内容主题词

政策内容分析法对主题词的选择要求较高，本章按照战略性新兴产业政策二维分析框架下的"产业发展"和"政策支持"两个维度甄选主题词，预先确定四条"标准化原则"：第一，选用出现频次较多的正式用词，增强统计数据的集中度；第二，在一定的研究假设基础上选择主题词，如拟研究政策主体间关系则选取"中央政府""地方政府""企业主体""国有企业""中小企业""科研机构"和"高校"等主题词；第三，编码要尽量全面，涵盖编码系统中所有相关条目，充分体现研究过程的系统和深入；第四，保证主题词的相互独立性，不产生歧义，如"自主创新""创新能力"和"创新发展"都并入"创新"。

按照以上原则，本章确定了26个主题词，产业发展维度（Industry Development Dimension，用"I"代表）方面有研发（I-1）、示范（I-2）、推广（I-3）、产业化（I-4）、产业链（I-5）、创新（I-6）、核心技术（I-7）、知识产权（I-8）、产业联盟（I-9）、市场需求（I-10）、产业结构升级（I-11）、经济发展方式转变（I-12）；政策支持维度（Policy Support Dimension，用"P"代表）方面有规划（P-1）、政策支持（P-2）、协调（P-3）、资金投入（P-4）、政府采购（P-5）、国有企业（P-6）、中小企业（P-7）、民营企业（P-8）、高校（P-9）、科研机构（P-10）、技术标准（P-11）、人才队伍建设（P-12）、增加就业（P-13）、国际化（P-14）。

第四节　频数统计分析

在战略性新兴产业政策样本编码和主题词提炼的基础上，本章采用计算机统计和人工统计相结合的方式进行频数统计，统计结果如表5-1所示。

第五节　研究发现

通过对频数分布数据（见表5-1）、频数合计排序、历年频数排序前5位的主题词变化以及不同政策主题词的频数升降变化趋势及原因等方面进行系统、全面分析，笔者发现，我国战略性新兴产业政策具有主题集中、聚焦"创新"、目标规划数量过溢，以及需求型政策明显不足等特征。

一、政策主题词相对稳定和集中

在26个主题词中，按照总频数排序居前10位的分别是：创新、研发、示范、规划、推广、产业化、知识产权、人才队伍建设、协调和产业（见图5-1）。这10个关键词出现的频数总和为5948次，占样本主题词总频数的86.87%。结果表明，政策主题词分布基本上围绕相对稳定的主题展开，政策体系属于比较集中的话语谱系。

第五章 大数据背景下的公共政策量化研究：以我国战略性新兴产业政策为例

表5-1 战略性新兴产业政策主题词的频数统计

频数排序	编码	主题词类别	频数合计	占比例(%)	2010年的政策样本(3项) 频数	占比例(%)	排序	2011年的政策样本(9项) 频数	占比例(%)	排序	2012年的政策样本(20项) 频数	占比例(%)	排序	2013年的政策样本(8项) 频数	占比例(%)	排序
		合计	6847	100	501	100	1	1838	100	1	3074	100	1	1434	100	1
1	I-6	创新	1908	27.9	261	52.1	1	579	31.5	1	598	19.5	1	470	32.8	1
2	I-1	研发	779	11.4	29	5.8	4	280	15.2	2	384	12.5	2	86	6.0	6
3	I-2	示范	571	8.3	12	2.4	8	180	9.8	3	229	7.4	6	150	10.5	2
4	P-1	规划	540	7.9	43	8.6	2	138	7.5	4	210	6.8	7	149	10.4	3
5	I-3	推广	472	6.9	14	2.8	6	101	5.5	5	247	8.0	5	110	7.7	5
6	I-4	产业化	469	6.9	20	4.0	5	96	5.2	6	317	10.3	3	36	2.5	11
7	I-8	知识产权	429	6.3	13	2.6	7	90	4.9	7	281	9.1	4	45	3.1	10
8	P-12	人才队伍建设	317	4.6	4	0.8	18	18	1.0	14	184	6.0	8	111	7.7	4
9	P-3	协调	253	3.7	32	6.4	3	56	3.0	8	102	3.3	10	63	4.4	8
10	I-5	产业链	210	3.1	5	1.0	13	35	1.9	12	121	3.9	9	49	3.4	9
11	P-13	增加就业	145	2.1	4	0.8	18	2	0.1	23	70	2.3	11	69	4.8	7
12	I-7	核心技术	134	2.0	10	2.0	9	50	2.7	10	63	2.0	12	11	0.8	14
13	P-7	中小企业	126	1.8	5	1.0	13	53	2.9	9	49	1.6	14	19	1.3	12
14	P-14	国际化	121	1.8	5	1.0	13	49	2.7	11	62	2.0	13	5	0.3	18
15	P-11	技术标准	80	1.2	2	0.4	21	29	1.6	13	34	1.1	15	15	1.0	13

续表

频数排序	编码	主题词类别	频数合计	占比例(%)	2010年的政策样本(3项) 频数	2010年的政策样本(3项) 占比例(%)	2010年的政策样本(3项) 排序	2011年的政策样本(9项) 频数	2011年的政策样本(9项) 占比例(%)	2011年的政策样本(9项) 排序	2012年的政策样本(20项) 频数	2012年的政策样本(20项) 占比例(%)	2012年的政策样本(20项) 排序	2013年的政策样本(8项) 频数	2013年的政策样本(8项) 占比例(%)	2013年的政策样本(8项) 排序
16	I-10	市场需求	47	0.7	5	1.0	13	16	0.9	16	21	0.7	17	5	0.3	18
16	P-10	科研机构	47	0.7	7	1.4	12	17	0.9	15	13	0.4	20	10	0.7	15
18	P-2	政策支持	46	0.7	9	1.8	10	8	0.4	18	24	0.8	16	5	0.3	18
19	P-9	高校	39	0.6	8	1.6	11	9	0.5	17	20	0.7	18	2	0.1	23
20	I-12	经济发展方式转变	23	0.3	5	1.0	13	8	0.4	18	7	0.2	21	3	0.2	22
20	P-5	政策采购	23	0.3	—	—	24	5	0.3	22	14	0.5	19	4	0.3	21
22	P-6	国有企业	21	0.3	2	0.4	21	6	0.3	21	5	0.2	24	8	0.6	16
23	I-9	产业联盟	15	0.2	—	—	24	8	0.4	18	6	0.2	22	1	0.1	24
23	P-4	资金投入	15	0.2	2	0.4	21	1	0.1	26	4	0.1	25	8	0.6	16
25	I-11	产业结构升级	12	0.2	4	0.8	18	2	0.1	23	6	0.2	22	—	—	25
26	P-8	民营企业	5	0.1	—	—	24	2	0.1	23	3	0.1	26	—	—	25

注:"市场需求"和"科研机构"的频数合计均为47次,因此频数排序为并列第16位;"经济发展方式转变"和"政府采购"的频数合计均为23次,频数排序为并列第20位;"产业联盟"和"资金投入"的频数合计均为15次,频数排序为并列第23位。

第五章　大数据背景下的公共政策量化研究：以我国战略性新兴产业政策为例

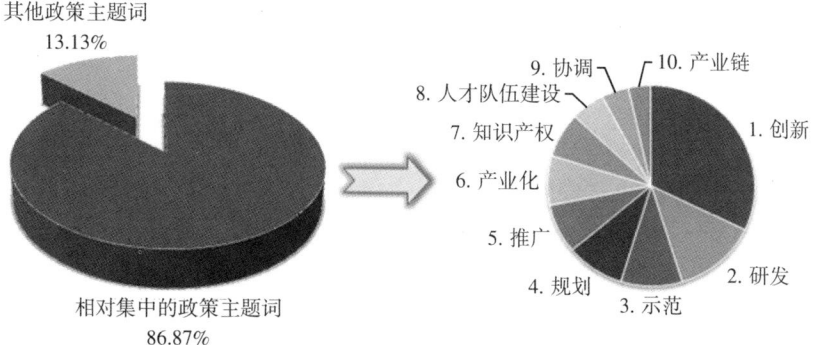

图 5-1　战略性新兴产业政策关键主题词的频数统计

二、"创新"始终是政策关注的焦点

如表 5-1 所示，"创新"主题词的频数合计为 1908 次，且在 2010~2013 年历年的频数统计中都居首位。"创新"已在战略性新兴产业政策各方面得到体现，包括科技创新、知识创新、管理创新、文化创新、自主创新、原始创新、集成创新、创新体系、创新能力和创新发展等方面。因此，创新已经成为发展战略性新兴产业的第一关键要素（见图 5-2）。

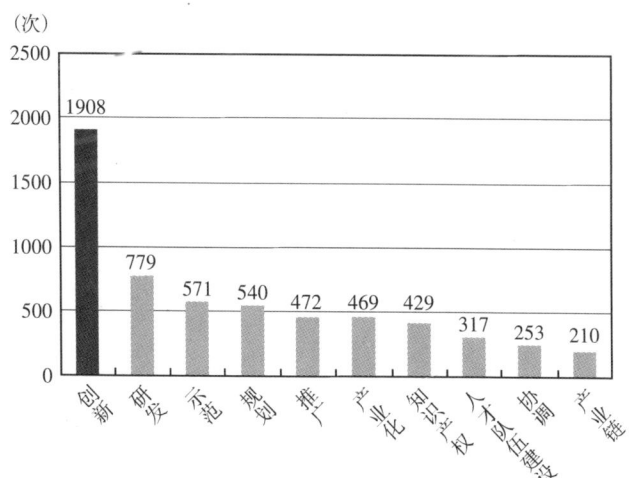

图 5-2　战略性新兴产业政策高频主题词统计

三、目标规划类政策数目众多

我国战略性新兴产业政策的表现形式多样，经分类统计，所选取的政策样本具体包括规划（20项）、办法（2项）、通知（7项）、政府报告（3项）和指导意见（8项）等（见图5-3）。由此说明，目标规划类政策占样本总数的50%，中央政府层面的指导思想、发展原则和发展目标等在各类规划中都有充分的体现。但是，这些目标规划的内容设计也充分体现了我国政治决策过程"自上而下"的鲜明特征，这种"高度统一"和"齐头并进"却未必能充分关注区域差异，使规划在全国范围内的实现存在实际困难。而且，中央政府各部委都从各自职能出发纷纷制定规划，难免会出现规划内容重叠、部门分工不明确等现象。

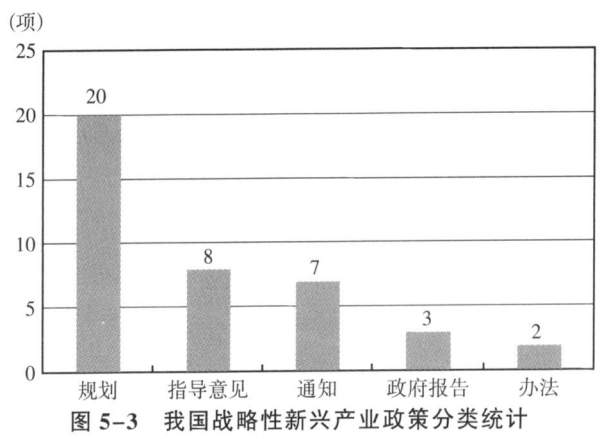

图 5-3 我国战略性新兴产业政策分类统计

四、需求型政策明显不足

结合罗思韦尔（Rothwell）和泽赫费尔德（Zegveld）的思想，基本政策工具分为供给型、环境型和需求型三种类型[103]。我国战略性新兴产业政策以环境型政策为主，共28项；其次为供给型政策，共9项；需求型政策数量明显偏低，仅3项（见图5-4）。实践证明，我国政府更加重视环境型政策的直接影响和供给型政策的推动作用，但是对需求型政策的拉动作用认识不足。由于战略性新兴产业正处于产业生命周期的初级阶段，特别需要培育市场，通过市场拉动促进产业的迅速成长，在此政府政策作用不可或缺，迫切需要政府发挥积极作用，预测产业未来，引导市场需求。

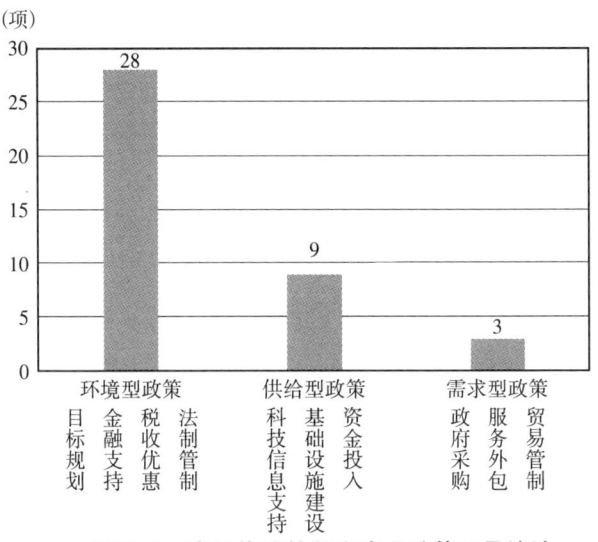

图 5-4　我国战略性新兴产业政策工具统计

第六节　讨论与启示

当前，大力发展战略性新兴产业已经成为我国经济社会发展的重大战略；政府决策又成为推动战略性新兴产业发展的关键要素。以上政策文本与内容的分析结果从某种程度上反映了我国战略性新兴产业政策的总体特征，从中我们可以得到若干启示。

一、不同的产业发展阶段需要与之相适应的不同的产业政策

借鉴以上政策文本分析的结果，将"产业发展维度"与"政策支持维度"相结合制定战略性新兴产业政策，将有利于政府决策的前瞻性、科学性和合理性。根据战略性新兴产业发展情况，我国政府在产业引入期制定

战略构想;在快速成长期,政府通过规划进行必要的引导和激励;在成熟期,通过完善法律保障制度,制定产业标准,以规范产业发展;在产业衰退期积极进行产业调整,实现产业由衰退期向调整期的转变。这些发现和结论对未来制定战略性新兴产业政策具有重要意义。例如,光伏产业已经具备成熟期发展特征,而电动汽车产业则迟迟处于培育期,高铁也进入快速成长期和国际化发展的时期。这些都需要根据不同特点制定不同政策,分类加以指导。

二、政府推动与市场拉动对战略性新兴产业发展同样重要

从近年来的战略性新兴产业政策来看,我们国家越来越重视"创新",这跟我国转变经济增长方式、调整产业结构、实现可持续发展的内在需求和长远战略目标不谋而合。无论是新兴产业培育,还是传统产业升级,都不仅需要国家层面的政策创新,更依赖于企业层面的自主创新。发展战略性新兴产业不仅需要在技术研发、政策扶持和制度环境等方面的努力,更需要在商业模式上"创新突围",如此才能构建基于市场供求平衡的商业网络和产业生态体系。

创新不仅需要政府政策的推动作用,更需要市场的拉动作用,再好的成果也不能永远躺在政府的怀抱中,市场是创新的最终试金石。过去,中国面临着创新型消费文化欠缺的窘境[104],对于战略性新兴产业发展而言,市场培育也许比政府推动更重要。通过培育市场,提升消费者的消费观念,对新技术产业的发展具有重要作用。相对于传统产品的性能稳定、质量保证、品牌知名等优势,战略性新兴产业初期则面临着技术不稳定、产品成本高、市场前景不确定和消费者认知度不足等问题。

2008年国际金融危机之后,世界各国都非常重视从需求端引导战略性新兴产业发展。从政策手段上看,政府的收购制度和率先应用能够刺激先进产品和服务的需求,而且可以扮演强势挑剔型客户,制定产品性能、标准[105-106]。在国家基础设施建设中,增加新技术、新产品和新手段的应用,同时,加强对产业推广的宣传机制,将影响人类生活方式、生产方式和思维方式的转变。例如,绿色照明示范城市评选活动、节能与新能源汽车示范推广试点、节能灯推广和政府补贴等形式都将增强全社会对战略性

新兴产业的认知程度,增加公众信赖,同时引导公众逐渐建立新的消费习惯,逐步扩大新兴产业的市场需求。未来,我国战略性新兴产业政策一定要着眼充分发挥市场拉动和政府推动的结合上做文章。

总之,通过系统梳理政策发展脉络,可以透视我国战略性新兴产业政策的主要特征,并得出若干有益的政策启示。本章的结论及发现对我国产业政策未来发展方向,以及一般区域产业政策选择亦有重要的理论指导意义。

第六章 创新理论与公共政策实践研究：以一项土地政策分析为例[①]

本章内容以创新理论和政策理论为基础，以大数据为依托，以内容分析法、文本量化方法为工具，以一项具体的公共政策为例，将创新理论与公共政策实践结合研究。这项研究是笔者博士期间课题的延续和深入，以一项土地政策（耕地占补平衡政策）为例，从政策总体概括、政策内容、政策主体和政策效果等要素方面，系统研究政策制定和执行过程中存在的问题，并结合创新理论，寻求政策根源，探讨政策创新。

第一节 耕地占补平衡政策背景[②]

耕地资源不仅对人口大国的粮食自给起到决定性作用，而且也是国民经济发展的重要支撑。我国正处于现代化、工业化和城镇化迅速发展的时代背景之下，经济建设占用耕地的需求持续增长。因此，粮食安全所需耕地的基本要求与工业、城市发展之间的矛盾，使得耕地资源配置正成为国家可持续发展战略的重要内容。相关研究数据普遍显示，1957年以来我国耕地面积基本呈下降趋势[107-108]。近年来，耕地面积锐减的现象更加突出，如图6-1所示。

[①] 第六、第七、第八、第九、第十章内容将创新理论和政策理论相结合，笔者在博士后研究工作中对博士期间课题进行延伸。"大数据背景下我国耕地保护政策文本量化研究"获得中国博士后科学基金项目二等资助（课题编号：2014M550758）。

[②] 参见：孙蕊，孙萍，吴金希. 我国耕地占补平衡政策研究进展[J]. 安徽农业科学，2014，42（1）：330-333。

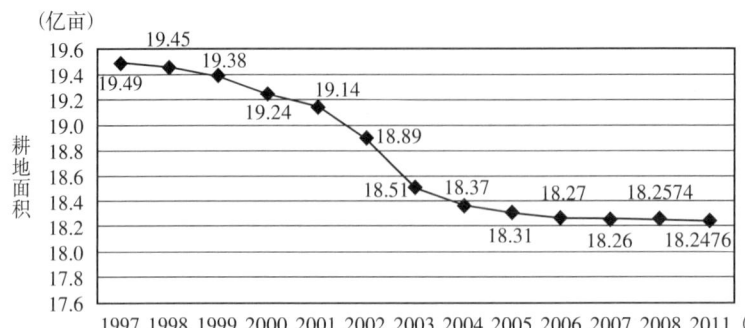

图 6-1 1997~2011 年我国耕地面积变化

资料来源：1997~2008 年数据来源于《中国国土资源公报》相关年份；2009~2010 年官方数据暂未公布；2011 年数据来源于中国耕地大量减少势头遏制 [N]. 人民日报（海外版），2012-12-26.

据历年《国土资源公报》显示，导致我国耕地减少的主要原因有非农建设占用耕地、生态退耕、农业结构调整和自然灾毁，其中非农建设占用耕地是耕地减少的一个重要原因。同许多国家一样，我国政府实施严格的耕地保护政策，耕地占补平衡政策就是其中的重要一环。本章从公共政策研究视角，对我国近年来耕地占补平衡政策的相关研究进行综述与展望，为相关理论研究与实践工作提供借鉴。

第二节　耕地占补平衡政策内涵

从表面含义来理解，耕地占补平衡政策不同于耕地占补平衡。耕地占补平衡政策是一项在全国范围实施、历时较长、十分严格的耕地保护政策，一直是学术界研究的热点。然而在中国学术期刊网，截至 2012 年底，以"耕地占补平衡政策"为关键词搜索到的文献数量并不多；之后放大研究范围，以"耕地占补平衡"为关键词，搜索到相关文献共计 401 篇，其中包括相关硕博士论文 132 篇。2002~2012 年，相关学位论文的数量呈逐年上升趋势，以 2011~2012 年数量最多（见图 6-2）。

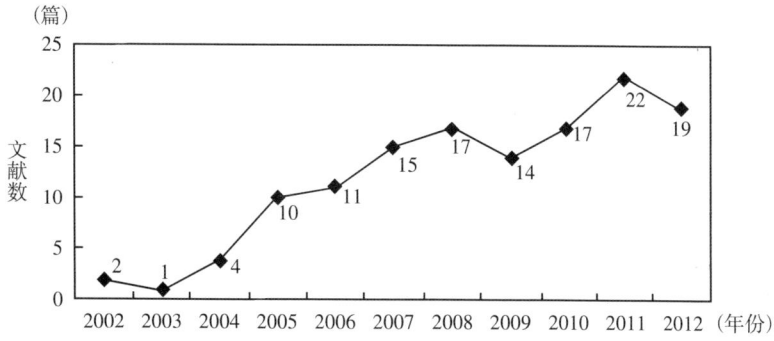

图6-2 2002~2012年我国耕地占补平衡政策相关硕博士论文情况

资料来源:笔者根据中国学术期刊网数据绘制。

以上学术论文的研究方向包括农用地分等定级方法、土地整理技术、耕地保护目标选择、环境影响评价和资源经济学分析等。由此可见,对耕地占补平衡政策的相关研究多集中于农学、地理学和经济学方向,研究重点多为专业技术层面,尚缺乏以公共政策为视角的研究,缺乏对耕地占补平衡政策的系统的政策分析。以下对"耕地占补平衡"和"耕地占补平衡政策"这两个核心概念进行比较。

一、耕地占补平衡的含义

"占"指占用耕地,"补"指补充耕地。这是从土壤功能来说,耕地不仅可以用于种植农作物,还可以用于建筑支撑,满足人类的各种生产、生活和社会需求。在人地关系系统中,人类可以改变土地用途——变耕地为建设用地,也可以恢复建设用地为耕地,还可以通过技术手段将难利用的土地开发为耕地。因此,简单理解"耕地占补平衡"即是占用耕地与补充耕地保持平衡,具体指建设占用耕地与补充耕地在数量和质量上保持相对平衡。

二、耕地占补平衡政策的含义

对"政策"的正确理解是界定耕地占补平衡政策的基本前提。国外学者安德鲁·海伍德(Andrew Heywood)(2006)认为:"政策是个人、团体、企业或政府所采取的行动计划。在意图层次，政策表现为政府的立场；在行动层次，政策体现为政府的行为；而在结果层次，政策体现为政府行动的后果。"[109] 根据现实国情，我国学者陈振明（1993）认为："政策是国家机关、政党及其他政治团体在特定时期为实现一定社会政治、经济和文化目标所采取的政治行为或规定的行为准则，它是一系列谋略、法令、措施、办法、条例等的总称。"[110] 较之国外学者，我国学者对"政策"的定义有三个特点：第一，强调党和政府的双重主体，这是由我国的现实国情所决定的；第二，强调政策的各种表现形式，如谋略、法令、措施、办法、条例等；第三，注重政策制定环节，较少提及政策执行过程和政策结果。

耕地占补平衡政策于1997年在《中共中央、国务院关于进一步加强土地管理，切实保护耕地的通知》（中发〔1997〕11号）中被首次提出。该文件中指出：

"各省、自治区、直辖市必须严格按照耕地总量动态平衡的要求，做到本地耕地总量只能增加，不能减少，并努力提高耕地质量……非农业建设确需占用耕地的，必须开发、复垦不少于所占面积且符合质量标准的耕地。"[111]

1998年《土地管理法》内容修订，通过立法程序将"耕地占补平衡"上升为法律规定。《土地管理法》第三十一条规定：

"国家保护耕地，严格控制耕地转为非耕地。国家实行占用耕地补偿制度。非农业建设经批准占用耕地的，按照'占多少，垦多少'的原则，由占用耕地的单位负责开垦与所占用耕地的数量和质量相当的耕地；没有条件开垦或者开垦的耕地不符合要求的，应当按照省、自治区、直辖市的规定缴纳耕地开垦费，专款用于开垦新的耕地。"[112]

综合上述对"耕地占补平衡"和"政策"的概念界定，本章认为，耕地占补平衡政策是指党和国家在我国人均耕地数量少、总体质量水平低、后备资源不富裕的基本国情背景下制定的，以实现各省（区、市）范围内的建设占用耕地与补充耕地在数量和质量上保持平衡的一系列对策、办法和规定的总称，从而全面提高耕地资源利用效率，系统构建耕地在数量和质量上的平衡，并最终实现人地系统的可持续协调发展。需要说明的是，我国耕地占补平衡政策始于1997年，目前已逐步发展为由若干政策构成的政策系统：从横向上由若干具体政策构成，从纵向上有国家政策和地方政策之分。现有研究的分析主体多为国家层面制定的相关政策。

第三节　国内耕地占补平衡政策的研究现状

一、有关耕地占补平衡的相关研究

1. 耕地占补平衡的内涵

起初，学者们主要从三个方面诠释耕地占补过程的平衡关系，包括占补平衡、区域平衡和动态平衡。"占补平衡"是建设占用耕地与补充耕地保持平衡；"区域平衡"指各省（区、市）确保本行政区域内的耕地不减少；而实现耕地占补的平衡过程本身是一种"动态平衡"，还有学者认为这种动态平衡的实质是保证耕地资源人口承载能力的动态平衡[113]。

后来，耕地占补平衡的内涵被逐渐扩大化。郑新奇于1999年提出对"耕地总量"的全新见解——耕地总量是指对包括耕地数量、质量和产出水平进行评定的一个动态的度量指标。这一观点成为"耕地数量—质量平衡"研究的起点[114]。2004年，付邦道等提出可以将思维再发散一些，在更多层面上来思考耕地占补平衡问题。[115] 于是，"耕地粮食生产力"的研究被扩大为"耕地综合生产能力"的研究；"耕地占补指数""动态平衡指数"的研究也演变为"耕地综合指数"的探索。

2. 耕地占补过程中的问题研究

耕地占补平衡的思想基础是正确的，旨在通过建设占用耕地与补充耕地保持平衡，确保人口增长与粮食安全的平衡，从而实现经济建设与耕地保护的平衡。但在实际操作中，耕地占补过程却以表面化的平衡掩盖了实质上存在的问题。

第一，"占多补少"的现象时有发生。不少地方在补充耕地过程中存在弄虚作假的现象。由于地籍变更不及时，现行的土地利用现状图上标注的"未利用土地"，事实上大多已被农民自发开垦，但是这些耕地均被计入新增耕地，导致补充耕地面积不属实，耕地占补在数量上难以做到"占一补一"，难以实现平衡[116]。

第二,"占优补劣"的问题突出。建设占用耕地大多为自然条件、环境条件和区位条件好的优质耕地[117],而补充耕地却基本上是以前没有从事过农业生产的土地,或是产出率较低而被弃耕的土地。有学者用数据表明,开垦 0.2 公顷以上的耕地才能弥补占用 0.06 公顷现有耕地的生产能力[118]。因此,耕地占补平衡往往更多地体现的是一种耕地数量上的平衡,而非质量上的平衡[119]。

第三,"易地占补"① 监管不力。由于不同地区在经济发展水平、土地后备资源状况及其分布上存在差异,必然导致地区之间存在耕地补充指标富裕和短缺的差别。但在监管不到位的情况下,占用耕地一方只管"出钱",补充耕地一方只管"收钱",以至于补充耕地与占用耕地在数量和质量上能否实现平衡,对占补双方来讲均不在考虑之内[116]。

另外,一些地方征地补偿安置落实不到位,存在侵害被征地农民合法权益的问题[120]。综合以上耕地占补过程中存在的问题,究其实质在于人们对耕地占补平衡进行科学评价的依据和标准并不一致:一是耕地数量的平衡,二是以耕地质量为基础的耕地数量动态平衡,三是耕地粮食生产力的平衡,四是粮食资源综合生产能力的平衡[121]。

3. 耕地占补平衡的对策研究

针对以上问题,学者们对改进我国耕地占补过程提出具体措施,大致包括农用地分等定级、加强土地整理,以及完善耕地补偿等。

第一,农用地分等定级。刘培等(2008)阐述了我国农用地分等定级与耕地占补平衡之间的逻辑关系[122];路婕(2011)对我国耕地占补平衡进行综合评价与分析,研究制定了全国统一的耕地占补平衡按等级折算系数[123]。

第二,加强土地整理与复垦。濮励杰等(2011)认为有三种土地整理的途径可以选择,即开源、节流和挖掘[124];谭永忠等(2005)建议根据我国东中西部土地资源区域差异采取不同的具体措施[125]。同时,也有观点认为耕地占补平衡只是一种补救措施,而保护耕地的最好办法是严格控制耕地的占用,应加大对土地整理的投入,提高耕地质量[126]。

---

① 相关文献中还有"异地占补"的说法,指"建设占用耕地"和"补充耕地"过程在两个地区之间实现,但按规定占用耕地一方需向补充耕地一方支付相应补偿。按照行政区域划分,可以分为跨县、跨市和跨省易地占补三个层次,目前以跨县和跨市易地占补较为常见,特别是跨县占补平衡。

第六章 创新理论与公共政策实践研究：以一项土地政策分析为例

第三，完善耕地补偿机制，具体包括农民补偿、易地补偿和生态补偿等。蔡运龙等（2004）从明晰土地产权的角度，提倡只有农民是土地所有者，才能在土地非农化流转中得到土地的增值收益[127]；钟兰艳（2007）研究变易地开垦为易地补偿制度，并提出易地复垦、易地整理、易地开发等具体补偿方式[128]。近年来，针对耕地占补过程中对生态环境的破坏，有学者提出"生态补偿"的概念。蔡银莺等（2010）认为，积极推进和完善生态补偿机制，探索符合我国国情、国力的农田生态补偿机制已迫在眉睫[129]。

二、有关耕地占补平衡政策的相关研究

1. 耕地占补平衡政策的历史演进

王梅农（2010）将耕地占补平衡政策萌芽追溯到20世纪80年代，以中央7号文件为起点，研究了1986~2009年我国耕地占补平衡政策的变迁过程，并预测政策的未来走向[130]；肖碧林等（2009）则重点关注近年来耕地占补平衡相关的国家政策文件与管理办法[131]；吴群（2011）全面研究了耕地占补平衡政策产生的背景和我国土地管理中存在的相关问题[132]。

2. 耕地占补平衡政策内容研究

耕地占补平衡政策包括两方面内容，即占用耕地控制政策和补充耕地政策。一般认为，占用耕地控制政策包括占用耕地补偿、建设用地预审、基本农田保护等具体措施，而补充耕地政策则由数量补给政策（土地开发、整理、复垦等）和质量补给政策（农业综合开发政策、农业科技政策等）组成[117]。此外，还有学者对耕地占补平衡政策考核体系进行研究，确定了相关原则、标准和方法，提出以耕地生产能力质量指标为核心的耕地占补平衡政策考核体系[133]。

3. 耕地占补平衡政策问题及其实质研究

有学者认为，耕地占补平衡政策缺乏可操作性强的质量评价标准，耕地占与补的相关政策不能全面落实，占补平衡机制尚不完善[134]；何志明（2005）认为，耕地占补平衡政策出现问题的原因，一方面来自政策本身的局限，如政策未能从根本（粮食安全、粮食生产能力）出发，只为保护耕地而保护耕地，另一方面来自政策执行过程中产生的偏差，从工作环节上来说，分别来自耕地"占"和"补"两个环节上[135]；张传新（2010）对

中央政府与地方政府行为进行博弈分析，对耕地保护效益的外部性进行系统研究[136]；王世忠等（2007）也指出，耕地占补平衡政策问题是由于农业经济效益比较低，农地非农化带来的经济效益驱使地方政府的"个体理性"和中央政府的"集体理性"之间产生冲突[119]。

4. 耕地占补平衡政策效果研究

我国学者从多角度对耕地占补平衡政策实施效果进行评价。

第一，从经济效益角度。谭荣等（2006）从资源过度性损失角度研究了耕地占补平衡政策实施效果，认为我国耕地资源损失规模之中有66.56%是过度的，属于资源的浪费[137]。

第二，从生态效益角度。谭永忠等（2005）肯定了耕地占补平衡政策对我国耕地数量变化产生了积极作用，但是，在全国实现耕地占补平衡的情况下，耕地总体生产能力呈下降趋势；同时，对生态环境产生了一定的负面效应[125]。

第三，从社会效益角度。耕地问题是中国现阶段社会问题的一面"镜子"。其实不仅国家粮食安全、生态安全、保证建设用地需求都与耕地有关，一系列社会问题也在耕地转移的过程中反映出来。例如，农地非农化与农民非农化不同步，导致"三无"农民增多，是"三农"问题的一个突出表现，成为社会稳定的一大隐患；再如，土地转移的增值收益分配不公平，开发商赚取了大量超额利润，地方政府获取了可观的土地出让金，而农民利益却被剥夺，是导致贫富差距拉大的一大原因[127]。

第四节　现有研究的不足

耕地占补平衡政策从1997年实施至今，已经积累了丰富的研究成果。这些研究为我国耕地占补平衡政策的实施和调整奠定了坚实的基础，但现有研究也存在一些不足。

第一，综合分析国内对耕地占补平衡政策的研究，大多从农学、经济学和地理学等学科角度对耕地占补平衡政策进行技术操作层面的研究，很少有从公共政策视角，系统研究这项全国性政策存在的深层次问题及其政策根源，并运用政策理论和方法对该政策进行合理调适。

第六章　创新理论与公共政策实践研究：以一项土地政策分析为例

第二，作为一项实施多年的全国性公共政策，目前尚缺乏对耕地占补平衡政策过程的全面思考，缺少多元的、独到的视角，从而无法脱离传统的、单纯的耕地保护研究思路的束缚。即使在对耕地占补平衡政策的内容设计和调适措施上，研究的角度也相对趋同而单一。更多的研究是对现有政策措施条款存在问题的讨论，以及对政策的修补和调整建议，从而无法认识到由政策议程、政策制定、政策合法化、政策执行，再到政策调整的来龙去脉的全过程，更无法发现导致政策问题的深层次的根本原因。

第三，在现有研究中，很少有学者对政策参与者及其行为进行系统研究。公共政策过程既可以被认为是政策条款的具体落实过程，也可以被理解为各种参与者为了实现自身利益最大化而相互协商、相互妥协的利益调整过程。

第五节　进一步的研究方向

综上所述，本章建议从公共政策分析视角，运用公共政策理论和方法，系统研究我国耕地占补平衡政策的政策目标、政策构成、政策内容、政策过程和政策效果等；从理论基础、政策现状、静态结构、动态运行和政策透视等方面，全面系统地揭示我国耕地占补平衡政策存在的主要问题，旨在对我国耕地占补平衡政策进行系统调适，以实现我国耕地保护、经济发展和社会和谐的多重目标。为此，本章建议进一步的研究方向如下：

第一，以公共政策研究视角探讨耕地占补平衡政策问题，目前迫切需要公共政策理论和方法的指导。作为全国性政策的调适和施行，有必要从公共政策层面，加强相关理论研究和方法探索。因此，有必要建立系统的政策研究的全新思路，对耕地占补平衡政策根源和整个政策系统进行系统、全面的考察。

第二，对耕地占补平衡政策价值理念的认识和实践还有待探讨。耕地，作为耕地占补平衡政策客体，其价值也随着社会经济发展而逐步提升至自然资源和公共资源层面。随着人类对耕地多功能性的理解逐渐深化，也引发人们对耕地资源价值的全面思考过程。因此，对耕地资源价值的正确和全面认识应该是制定政策的基点，也是决定政策成功与否的关键因素。

第三，对耕地占补平衡政策主体网络结构进行分析。耕地占补平衡政策涉及的核心问题是国家对耕地资源的配置问题，实质上体现的是将各种社会群体和各个层次的相关主体联系在一起，形成广泛而复杂的社会网络关系。耕地占补平衡政策涉及广泛的参与主体，包括中央政府、地方政府、用地单位和开发商、农民和集体经济组织、专家和学者、公众和媒体等。耕地占补平衡政策则作为网络规则，对各种主体进行利益调整。因此，从政策主体的角度研究耕地占补平衡政策，更有利于挖掘推动政策动态运行过程的真实动力。

第四，以公共政策研究视角，将耕地占补平衡政策议程、政策制定、政策合法化、政策执行、政策评估和政策调整等政策阶段都纳入封闭的、动态的、循环运行的网络系统，各个环节之间形成相互衔接、相互影响、相互制约的网络链条，重新审视耕地占补平衡政策运行网络循环过程，并依据耕地占补平衡政策客观运行情况，针对网络运行中存在的问题，运用政策运行规律对其进行矫正。

第七章 我国耕地占补平衡政策的成效与局限[①]

1997年至今，我国耕地占补平衡政策已历经了十余年的历史沿革。党和国家根据国民经济建设在不同时期对耕地需求的变化情况，对耕地占补平衡政策进行适时调整，也不断协调各项配套政策之间的关系。

第一节 耕地占补平衡政策效果评价

根据耕地占补平衡政策的几次重大改革和调整，将政策演变过程划分为三个阶段：数量平衡政策期（1997~2003年）、数量—质量平衡政策期（2004~2010年）和数量—质量—生态平衡政策期（2011年至今）（见图7-1）。

图 7-1 我国耕地占补平衡政策的演变过程

资料来源：笔者绘制。

[①] 参见：孙蕊，孙萍，吴金希，张景奇.中国耕地占补平衡政策的成效与局限[J].中国人口·资源与环境，2014，24（3）：41-46。

一、数量平衡政策的效果（1997~2003年）

首先，从政策执行情况来看，1998年全国共有17个省（区、市）实现了耕地占补平衡；1999年增加到24个；2000年底增加到29个；2001年和2002年全国31个省（区、市）总体上全部实现建设占用耕地当年占补平衡[138]。经统计，1997~2003年我国非农建设占用耕地132.63万公顷，通过土地整理、复垦、开发补充耕地210.62万公顷①。从统计数字上看，补充耕地数量大于非农建设占用耕地数量，符合耕地占补平衡政策在"耕地数量"上的"占补平衡"要求，如图7-2所示。

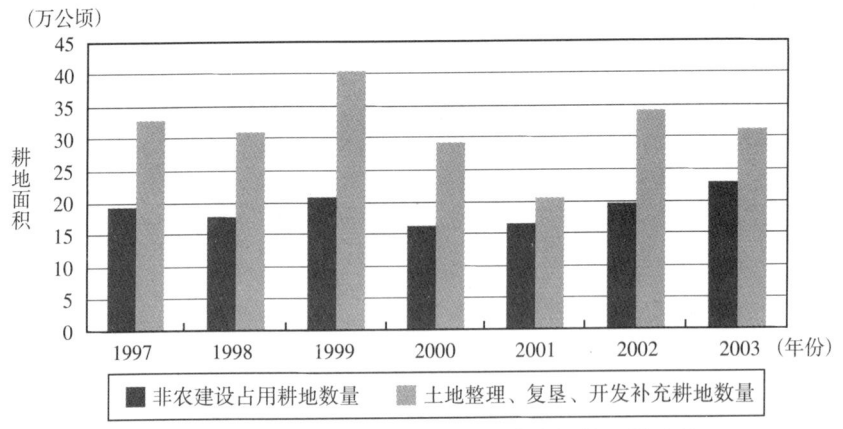

图7-2 1997~2003年我国非农建设占用耕地与补充耕地情况
资料来源：笔者绘制②。

其次，从我国耕地总量上看，虽然各省（区、市）的耕地占补平衡政策执行情况良好，但1997~2003年我国耕地总量却持续下降，从1997年的19.49亿亩下降到2003年的18.51亿亩（见图7-3）。在此期间，我国每年耕地净减少面积分别为13.25万公顷、26.14万公顷、43.67万公顷、127.51万公顷、62.74万公顷、176.66万公顷和257.02万公顷③。由此可

---

① 据1997~2003年《国土资源公报》计算所得。
② 1997~2000年数据来自《中国环境状况公报》；2001~2003年数据来自《国土资源公报》。
③ 据历年《国土资源公报》计算所得。

见，2000 年、2002 年和 2003 年的耕地减少问题尤为突出。而且，除了占用耕地面积巨大外，圈占的大多是区位好、土壤肥沃的耕地资源。

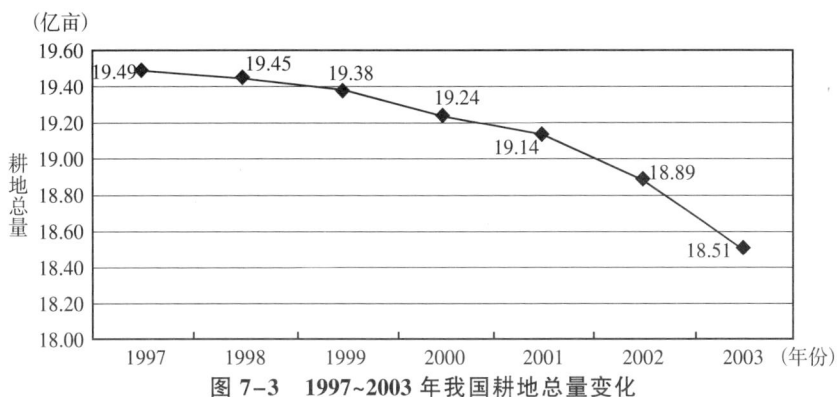

图 7-3　1997~2003 年我国耕地总量变化

资料来源：笔者绘制①。

最后，从粮食产量上看，1997~1999 年我国粮食产量基本保持在 50000 万吨水平。2000~2003 年出现严重的粮食减产，由 1998 年 51229.5 万吨的粮食最高产量，下降为 2003 年 43069 万吨的粮食最低产量[139]（见图 7-4）。粮食产量下降的主要原因除了干旱等自然因素外，跟非农建设占用耕地导致全国粮食播种面积减小有着直接的关联。

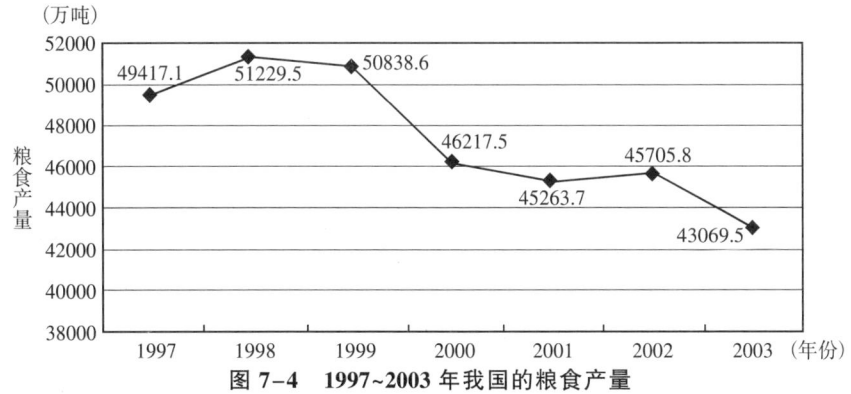

图 7-4　1997~2003 年我国的粮食产量

资料来源：笔者绘制②。

---

① 1997~2000 年数据来自《中国环境状况公报》；2001~2003 年数据来自《国土资源公报》。
② 数据来自 1997~2003 年《中国统计年鉴》。

综上所述，1997~2003年我国耕地总量减少、粮食减产的矛盾十分突出，这与经济建设需求紧密相关，但也存在明显的政策原因：第一，在政策目标上，耕地占补平衡政策的首要目标是严格限制占用耕地，确保补充耕地与建设占用耕地的"数量平衡"，国土资源部每年发布的《国土资源公报》中只有对耕地占补数量上的统计；第二，在政策内容设计上，耕地占补平衡政策更加偏重于对占用耕地及其补偿的要求，但缺少对补充耕地的规范，从而导致大量优质耕地资源流失，使我国耕地质量水平下降；第三，在政策执行中，由于该政策在客观上增大了耕地供给难度，在比较优势下耕地价值凸显，形成了全国各地多占耕地、获取利益的机制；第四，在政策影响上，耕地"占补"原则会造成耕地后备资源无限的错误认识，于无形中扩大了盲目的用地需求。

二、数量—质量平衡政策的效果（2004~2010年）

首先，从政策执行情况来看，全国各省（区、市）在总体上全部实现耕地占补平衡政策的数量平衡目标。由于2009~2010年官方数据暂未公布，2004~2008年我国非农建设占用耕地92.22万公顷，通过土地整理、复垦、开发补充耕地144.47万公顷[①]。从统计数字上看，补充耕地数量大于非农建设占用耕地数量，符合耕地占补平衡政策在耕地数量上的"占补平衡"要求，如图7-5所示。

其次，从耕地总量上看，2004~2011年我国耕地总量仍然继续下降，由于耕地总量已逐渐逼近18亿亩红线，耕地减少幅度也明显放缓，从2004年的18.37亿亩下降到2010年的不足18.26亿亩[②]，如图7-6所示。

---

① 据2004~2008年《国土资源公报》计算所得。
② 由于2009~2010年官方数据暂未公布，2010年耕地数据来自新浪网.我国耕地总数接近18亿亩红线[EB/OL].http://news.sina.com.cn/c/sd/2011-02-17/094421968942.shtml；2011年耕地数据来自中国耕地大量减少势头遏制[N].人民日报（海外版），2012-12-26。

第七章　我国耕地占补平衡政策的成效与局限

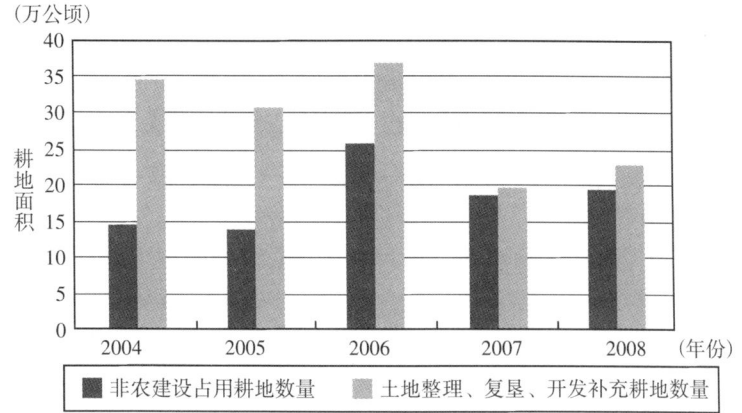

图 7-5　2004~2008 年我国非农建设占用耕地与补充耕地情况

资料来源：笔者绘制①。

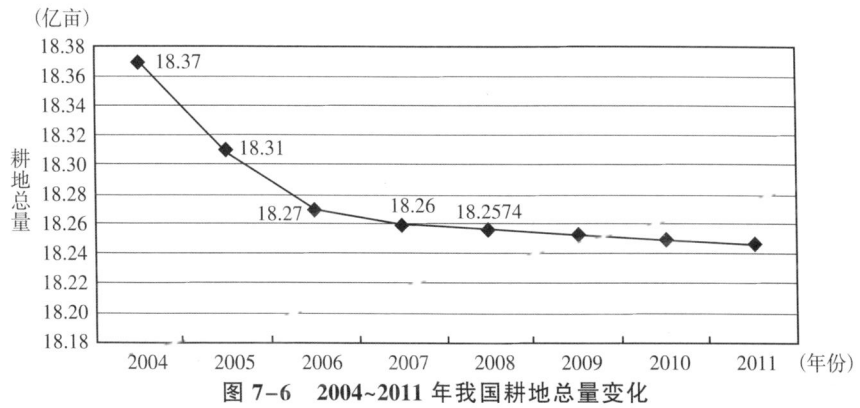

图 7-6　2004~2011 年我国耕地总量变化

资料来源：笔者绘制②。

最后，从粮食产量上看，2004~2010 年我国粮食产量连续七年增产，由 2004 年的 46946.9 万吨增加至 2010 年的 54647.7 万吨[140]（见图 7-7）。据统计，自 2003 年占地高峰和粮食减产之后，我国粮食作物播种面积由 2004 年的 101606 千公顷增加至 2010 年的 109876 千公顷[140]。

---

① 数据来自 2004~2008 年《国土资源公报》。
② 2004~2008 年数据来自《国土资源公报》；2009~2010 年官方数据暂未公布，2010 年耕地总量数据来自新浪网，http://news.sina.com.cn/c/sd/2011-02-17/094421968942.shtml。

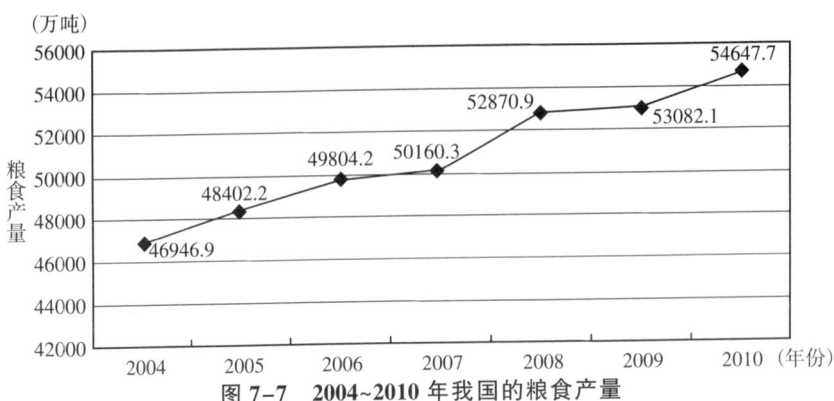

图 7-7　2004~2010 年我国的粮食产量

资料来源：根据 2011 年《中国统计年鉴》数据绘制。

综上所述，2004~2010 年我国耕地总量仍然呈逐年下降趋势，但下降幅度放缓。我国粮食产量实现连续七年的增长，这与国家制定农业政策、增加农业投入和农业生产率的提高有着直接关系；同时，耕地占补平衡政策为确保农业生产的耕地供给，以及在宏观新形势下所做出的政策调整也起到至关重要的作用：第一，在政策内容设计上，更加侧重补充耕地环节，规定从 2009 年起，除国家重大建设项目外，非农建设占用耕地全面实行"先补后占""以补定占"[141-142]；第二，在政策执行上，明确了耕地保护调控权和审批权在中央政府，耕地保护责任和耕地占补平衡政策的执行权在地方政府[143]，进一步明确了国土资源部、农业部和其他部委在占补平衡政策执行中的分工合作[144]；第三，在政策考核上，把质量因素加入到耕地占补平衡的考核指标中，按照农用地数量、质量实行等级折算来衡量耕地占补平衡政策执行情况[143]；第四，在政策配套上，相关的规划纲要、操作政策、监管政策和考核政策逐步得到补充，耕地占补平衡政策体系配套已相对完整。

三、数量—质量—生态平衡政策的效果（2011 年至今）

2011 年至今，耕地占补平衡政策进入相对成熟发展的阶段，并在新形势下呈现许多新的特征，如全国主体功能区初步形成、逐步制定差别化的土地政策、耕地开发逐步向土地整理与复垦转化等。在此期间，我国耕地数量变化相对平稳，2011 年底耕地保有量为 18.2476 亿亩[145]，2011 年我国粮食产量达 57120.8 万吨，2012 年达 58957 万吨，已经实现连续九年的粮食增产。据统计，全国粮食作物播种面积由 2010 年的 109876 千公顷，增加至 2011 年的 110573 千公顷[146]。

现阶段，我国耕地占补平衡政策已进入"数量—质量—生态"多重平衡的崭新阶段，相应的政策调整主要体现在以下几个方面：第一，在政策目标上，由单一的经济效益目标调整为经济效益、社会效益和生态效益等综合效益的多重目标；第二，在政策内容设计上，在加强"补充耕地"质量建设、管理与监督的基础上，由鼓励耕地开发逐步向土地整理、复垦与综合整治转化；第三，在政策执行上，基于主体功能区的初步形成，逐步改变目前国土空间开发秩序混乱和结构不合理的状况，逐步制定差别化、区域化的土地政策；第四，在政策考核上，将经济效益、社会效益和生态效益一并列入政策考核要求。

第二节　耕地占补平衡政策的积极效果

一、耕地占补平衡政策在一定程度上抑制了耕地减少

从总体上看，耕地占补平衡政策在全国各行政区的执行情况良好，2001 年和 2002 年全部逐渐实现占补平衡[138]。由于耕地占补平衡政策要求"占一补一"的根本原则，使 1997~2011 年通过土地整理、复垦、开发共增加耕地 442.73 万公顷①，实现了全国每年补充耕地面积大于建设占用量。以此为保障，我国粮食产量实现了 2004~2012 年连续九年增产。我国粮食生产能力基本满足国内粮食需求，这说明耕地占补平衡政策确保国家粮食安全的政策目标已基本实现。

---

① 根据历年《国土资源公报》计算所得。

二、耕地占补平衡政策为我国科学用地提供一定的保障

我国的社会主义公有制决定了国家对土地资源实行宏观调控的管理模式。从这种意义上说,耕地占补平衡政策为我国科学用地提供了一定的保障,对我国工业迅速发展、国家产业结构调整和城镇化进程都起到了一定的促进作用。

三、耕地占补平衡政策调整土地利用方式,相应地带来社会结构的逐步变化

耕地占补平衡政策的直接效果是土地类型的改变,即耕地转化为建设用地,或是增加有效耕地面积的"双向变化过程";而政策则要求这个动态过程是在保持耕地数量—质量平衡状态下实现。与此同时,耕地占补平衡政策的实施也会给土地使用者的生产方式和生活方式带来相应的转变。在此过程中,被征地农民由传统农业生产向第二、第三产业转变,进而生活方式、价值观念和行为习惯等都会随之逐渐发生变化。相应地,土地城镇化和人口城镇化会在潜移默化中逐渐改变原有的社会结构,这是耕地占补平衡政策产生的连带效应。我国正处于快速的土地城镇化和人口城镇化的发展时期。据统计,1997 年我国总人口为 123626 万人,其中城镇人口 36989 万人,[147];2012 年底我国总人口为 135404 万人,城镇人口比重为 52.57%[148],我国已成为发展中国家中城镇化速度提升较快的国家。有专家估计,中国未来 20 年还有约 3 亿农民进城[149],因此,耕地占补平衡政策将在我国未来的社会关系和社会结构转变中继续发挥作用。

四、耕地占补平衡政策是我国土地管理上的深刻变革

耕地占补平衡政策对我国土地管理的深刻变革体现在政策出台、政策执行、政策调整和机构设置四个方面:第一,政策出台。1997 年中央 11 号文件首次提出"耕地占补平衡"概念,这成为耕地占补平衡政策的核心文件和起点。值得一提的是,这份文件是由中共中央、国务院联名发布

第七章　我国耕地占补平衡政策的成效与局限

的，这足以说明这项政策的重要性。1998年《土地管理法》修订，实现了耕地占补平衡政策的"立法合法化"。第二，政策执行。作为一项实施时间较长的全国性政策，耕地占补平衡政策执行的逐级传达和逐步落实是一个十分复杂的过程，也是我国土地管理实践的重要探索。第三，政策调整。耕地占补平衡政策逐步将"十分珍惜和合理利用每寸土地，切实保护耕地"确立为我国的基本国策。中共中央、全国人大、国务院及各部委制定的一系列规划纲要、行政法规、部门规章和配套政策，将经济建设和耕地保护以"平衡"的关系确立下来。在新形势下，耕地占补平衡政策实施过程呈现出许多新特征，政策内容也随之进行相应的调整，如土地资源价值的逐步显现、全面实行"先补后占"，以及市场化运作方式的融入等，都是我国改革进程中在法制、体制和机制上的伟大尝试。第四，机构设置。1998年（即耕地占补平衡政策早期），国家设立专门机构——国土资源部，这标志着我国土地行政管理工作由"多头管理"向"专门机构"的管理提升，为耕地占补平衡政策的顺利执行提供人力、物力和财力保障。

五、耕地占补平衡政策在客观上逐渐影响着人们的土地观念

中华人民共和国成立后直至20世纪90年代初期，我国公众普遍认为"我国幅员辽阔、地大物博"，相信我们都会在当时的教科书中读到这样的描述。这种观念导致了"我国土地资源无限"的长期错误认识，造成了土地的粗放利用和浪费。1997年耕地占补平衡政策的提出逐步将珍惜耕地、保护耕地、合理利用和开发耕地的资源理念深入人心，耕地价值开始逐渐被正确认识。并且，政府采取的适应时代要求、行之有效的管理方式和措施，在全社会逐渐形成"节约集约用地"的土地文化理念，也渗透到社会生活的其他领域。

第三节　耕地占补平衡政策效果的局限性

尽管耕地占补平衡政策实施已取得诸多成绩，但其政策效果却也十分

有限，仍然还有很多问题没有从根本上得到解决，甚至在政策实施过程中引发新问题的出现。

一、"只占不补""多占少补"等违法用地现象未根本遏制

耕地占补平衡政策明确规定，非农建设占用耕地必须按照"占多少，垦多少"的原则补充数量和质量相当的耕地，但是，不少地方存在着"只占不补"和"多占少补"的弄虚作假的现象。近年来，我国违法用地趋势体现出两方面的特征：一方面，一系列的法案和行动确有效果，涉案数量和涉案土地面积整体下降；另一方面，现有监查系统已遇到瓶颈，需要警惕。尽管 2006~2011 年我国违法用地数量和面积总量有所下降，但案件总量仍高于 6 万件，涉及的耕地面积仍不低于 1.7 万公顷，与此同时，违法用地立案率的比例却下降了近 10 个百分点，涉及的土地面积又有反弹迹象，说明即便在现今如此严苛的监测与审查下，仍有一定数量、一定比例的违法用地无法消除，俨然成为顽疾[26]。

二、"占优补劣"进一步引发生态恶化

在耕地占补平衡政策实施过程中"占优补劣"的现象十分突出。建设占用耕地大多为土壤质量高、区位条件好的优质耕地，而补充耕地却基本上是以前没有从事过农业生产的土地，或是产出率较低而被弃耕的土地。一般来讲，耕地质量包括构成耕地的土壤、地形、水文等自然因素，以及农业小气候、农田灌排条件等环境状况两部分[117]。"占优补劣"使生态环境损失严重。首先，从耕地占补平衡政策本身来讲，其政策目标偏重于对预期经济效益的设计，而政策内容设计中耕地补偿机制局限于经济补偿的简单方式，从根本上缺少对生态效益的重视。其次，政策执行不力造成生态环境破坏。一些地方政府为了换取建设用地指标，不惜把管辖区内的林地、牧草地甚至生态保护区用地开垦为耕地，引起了当地生态环境的破坏，使人类付出生态安全代价[126]。再次，"占一补一"的原则容易造成"耕地后备资源无限"的错误认识，导致过剩的建设用地需求，无疑对环境承载力造成巨大威胁。最后，近年来越发频繁的气候危机和自然灾害造

成大量的耕地损毁、水土流失和耕地质量下降,与土地利用方式有着必然的因果联系。

三、"先占后补"容易加剧社会不公

在耕地占补平衡政策实施中"先占后补"和"先占却迟迟不补"的现象也大量存在,这必然会加剧社会利益分配不公,从而加剧社会不公平。耕地占补平衡政策涉及的核心问题是国家对耕地资源的配置问题,我国的社会制度和土地制度决定了这绝不仅仅是一个经济问题,更是一个重大的社会问题,因为"耕地占补"过程将各种社会群体和各个层次的相关主体联系在一起,形成广泛而复杂的社会网络关系。耕地占补平衡政策则作为网络规则,对各种主体进行利益调整。然而,公共政策过程亦是各种社会群体的利益博弈过程,在此过程中弱势群体的利益很容易被吞噬。诚然,实现社会公平是社会主义国家的内在要求。我国政府一直在努力营造社会公平环境,推行社会公平制度。土地是人类重要的生产资料,也是被赋予财富意义的基础性社会资源,在社会公平制度中的作用十分突出。如果耕地资源的"占补平衡"是在缺失社会公平的条件下实现,则会违背政策初衷,导致更为严重的阶层问题、城乡差距问题等一系列新问题的出现,这才是耕地占补平衡政策面临的最大挑战。

第四节 对策建议

纵然耕地占补平衡政策在我国耕地治理中发挥着重要的作用,但其存在的诸多问题和矛盾却不可回避,需要我们在政策的未来走向中予以解决。

一、实现多元政策目标的协调有序是决定耕地占补平衡政策未来走向的前提条件

耕地占补平衡政策实施在实质上不仅对土地利用方式进行调整,而且直接关系到社会成员的利益分配,甚至在一定程度上逐渐影响到社会结构

的关系变化。因此，要实现耕地占补平衡，就必须综合考虑可能的多重社会平衡关系，系统构建"经济—社会—生态—文化"综合平衡的政策目标体系，从综合效应角度出发，在经济效应、社会效应、生态效应和文化效应之间寻求改革的平衡点。在新形势下，我们需要对原有政策进行适时的、积极的调整，必须运用一系列的有效方法，对政策目标体系进行科学量化，即对各项指标进行科学论证，取代模糊目标为清晰目标，实现政策目标的标准化、规范化。同时，将各项政策目标分解细化并下达至各部门，在政策执行过程中避免冲突和矛盾的出现。

二、整合优化政策内容是完善耕地占补平衡政策的关键环节

随着政策目标发生变化，政策内容也应该做出适时的、积极的调整。我国耕地占补平衡的相关配套政策不断丰富，从本章收录的国家政策可以看出它们已经形了成规模庞大的政策体系。当前，社会经济发展呈现新的特征，耕地占补平衡政策本身也应做出与时俱进的调整：一方面，应加强对耕地社会价值、生态价值和文化价值的倡导，树立"耕地资源政策价值"新理念，倡导形成"节约集约用地"的文化理念；另一方面，在我国政策决策水平不断提高的过程中，应加强对耕地占补平衡政策体系配套的整体性设计，综合考虑相应的操作政策、考核政策和监管政策的协调配套。任何政策都不是孤立存在的，而是政策网络和系统的有机组成部分。各项政策在政策体系中的有机联系不只是形式上，而应该是内在的、本质上的联系，表现为相互作用、互为补充。

三、地方政府的角色转变是扭转耕地占补平衡政策执行偏差的有效途径

从根本上看，地方政府的执行偏差是导致耕地占补平衡政策问题的主要原因，这是中央政府与地方政府博弈目标的非一致性导致的行政角色偏差，以及缺乏相应的约束机制造成的。与其他政策不同的是，地方政府在耕地占补平衡政策的具体实施过程中具备较大的自主性。在权力控制和利益驱使之下，地方政府不仅显得动力不足，而且积极寻找"打擦边球"的

机会，使耕地占补过程成为滋生土地腐败的温床。因此，地方政府的角色转变是规范耕地占补平衡政策施行的有效途径，即地方政府从以往的"主导者"向"组导者"转变，即真正成为政策执行中的"组织者"和"疏导者"。

四、建立公众参与机制是耕地占补平衡政策的必然选择

耕地占补平衡政策是一项涉及国计民生的重要政策，然而，自政策议程起点开始，公众参与就严重不足。与政策制定主体和政策执行主体相比，作为政策适用主体的公众呈高度分散状态，这会造成对政策构成中的基本社会因素的极大抑制。同时，现代政策网络结构关系的特点是相互依赖、互惠共赢，是以信任为基础的战略，那么，政府的决策过程就要主动扩大公众参与，积极组织社会力量献计献策，逐渐推进科学化、民主化的决策进程，接受社会舆论监督。因此，耕地占补平衡政策的调适，一方面要依赖政府的积极作用，另一方面要完善公众参与机制，在相互信任、资源交换的基础上，才能促进政策在制定和执行阶段的统一，形成均衡网络，达成互惠共赢的理想局面。

第八章　内容分析方法在公共政策研究中的应用[①]

由于公共政策过程的规范性要求，每个政策阶段都会有相应的政策文件出台，作为政府的行政依据。"话语"（Discourse）不仅是政策文本信息的比较独立和关键的单元，同时更重要的是，"话语"与"权力"是密不可分的，话语一经产生就立即受到若干权力形式的控制、筛选、组织和再分配。公共政策则是政府权力的施行过程，分析"话语"以及"话语权"是分析公共政策的根本和关键[9]。由此可知，公共政策文本是政府政策行为的反映，对文本语义进行系统分析则是对整个政策过程的根本、有效的客观凭证。

第一节　政策内容分析样本的确定和整理

一、政策内容分析研究设计

对政策内容文本分析的实质是"话语分析"（Discourse Analysis），是对话语和语篇进行分析，解释话语之间内含的话语意识，通过特定的语境关系分析话语当中所关联的其他社会意识形态关系[9]。公共政策大多为规范性语言，而且配套政策之间具有相关性、连续性，十分适合这种规范而系统的语义分析方法的应用。

---

① 参见：孙蕊，孙萍，张景奇，吴金希.内容分析方法在公共政策研究中的应用[J].广东农业科学，2014（4）：196-200.

运用内容分析方法进行政策分析的工作程序为[150]：首先，收集政策相关文本作为一个统一的"语料整体"，并进行初步的分类整理；其次，确定分析指标，对政策进行编码；再次，归纳各政策的主要内容和主题词，这一步骤是政策内容分析的关键；又次，运用计算机和人工方式统计主题词频次，对政策内容进行系统分析；最后，对统计结果进行综合分析和讨论，如图8-1所示。

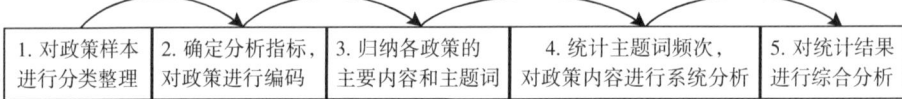

图8-1 政策内容分析的研究思路设计

二、政策内容分析的样本选择

内容分析方法通过测度有关政策主题的发展变化，挖掘政策文本之间的相互关联与内在逻辑，因此适于分析体系庞大、施行时间较长的公共政策。为了能够直观地展现内容分析方法在公共政策分析中的应用，本章选取一项具体政策作为案例分析，即耕地占补平衡政策。1997年，党中央、国务院联合发布《关于进一步加强土地管理，切实保护耕地的通知》（中发〔1997〕11号），针对我国人均耕地数量少、总体质量水平低、后备资源也不富裕的基本国情，要求各省（区、市）范围内的建设占用耕地与补充耕地在数量和质量上保持平衡。

该政策实施至今，其政策内容本身也得到不断的调整和完善，目前已逐步发展成为由一系列对策、办法和规定构成的相对完整的政策系统：从横向上由若干具体政策构成；从纵向上有国家政策和地方政策之分；从出台时间上，其政策目标也经历了耕地占补过程的数量—质量—生态平衡的发展变化。以此为依据，可将耕地占补平衡政策演变过程划分为三个阶段：数量平衡政策期（1997~2003年）、数量—质量平衡政策期（2004~2010年）和数量—质量—生态平衡政策期（2011年至今）。本章以国家层面出台的政策为研究对象，对收集到的1997~2013年中共中央、全国人大、国务院及其职能部门出台的耕地占补平衡相关政策（共计52项）进行文本内容分析。这些政策文件主要来源于政府门户网站、官方媒体网站和相关文献，对于时间较远的政策文件则查找政府部门的纸质文件。

三、政策内容文本分类整理

本章从多维角度对相关政策文本进行分类整理,系统构建我国耕地占补平衡政策谱系,分别从政策的出台时间、纵向层级(依据政策制定者的权力序列划分)和横向构成(划分为党的指导方针、法律依据、规划纲要、占用耕地控制政策、补充耕地政策、监管政策和考核政策等)等多角度系统分析耕地占补平衡政策的数量、类型和特点,深入研究政策可能存在的问题及其成因,并为优化耕地占补平衡政策提供现实依据。

1. 按照政策出台时间的分类统计

选取的 52 项政策内容分析样本以 1997 年中央 11 号文件首次提出"耕地占补平衡"概念为研究起点。将研究样本按照年度汇总排列统计结果,如表 8-1 所示。由表 8-1 可知,出台政策数量较多的年份为 2008 年(10 项)和 2012 年(5 项),其次为 2006 年、2009 年、2010 年和 2011 年(均为 4 项)。可见,近年来国家对耕地占补平衡政策的总体重视程度在逐渐提高。

表 8-1 耕地占补平衡相关政策数量年度演进情况

单位:项

年份	1997	1998	1999	2000	2001	2002	2003	2004	2005
政策数量	1	3	2	3	1	1	1	2	3
年份	2006	2007	2008	2009	2010	2011	2012	2013	
政策数量	4	3	10	4	4	4	5	1	

2. 依据政策纵向层级的分类统计

根据我国的现实情况,按照各种公共政策主体的权力序列,对耕地占补平衡相关政策按参与部门进行统计(对于两个或多个部门/机构联名出台的政策,则对每个部门/机构分别计入统计 1 次):中共中央(17 项)、全国人大(3 项)、国务院(22 项)、国土资源部(20 项)、财政部(2 项)、人力资源和社会保障部(1 项)、中国人民银行(1 项)、农业部(1 项)、监察部(2 项)和国家土地总督查办公室(1 项)。其中,发文最多的三个部门为中共中央、国务院和国土资源部。这表明,国家对该项政策的高度重视,以及国土资源部作为行政主管部门,与国家最高决策机构之间的统一性、协调性。

3. 按照政策横向构成的分类统计

经统计，耕地占补平衡政策构成包括党的指导方针（16项）、法律依据（3项）、规划纲要（3项）、占用耕地控制政策（6项）、补充耕地政策（12项）、监管政策（10项）和考核政策（2项）。从总体上看，党的指导方针在相关政策中所占比重最大，为30%左右，这也是由我国所特有的政治决策体制所决定的；占用耕地控制政策数量逐年下降；补充耕地政策数量上升；监管政策数量明显增多，尤其在2004~2012年，这说明了国家对土地行政管理的加强，同时也证明了土地违法问题更加突出的现状；考核政策出台滞后，于2005年和2006年才正式制定；相关法律和规划纲要从数量上看比较稳定。

4. 我国耕地占补平衡政策谱系的构建

综上所述，通过政策出台时间、纵向层级和横向构成等多维角度的系统分析，构建我国耕地占补平衡政策谱系，以此更加直观地呈现公共政策的演变过程和系统构成，为进一步的政策优化提供依据，如图8-2所示。

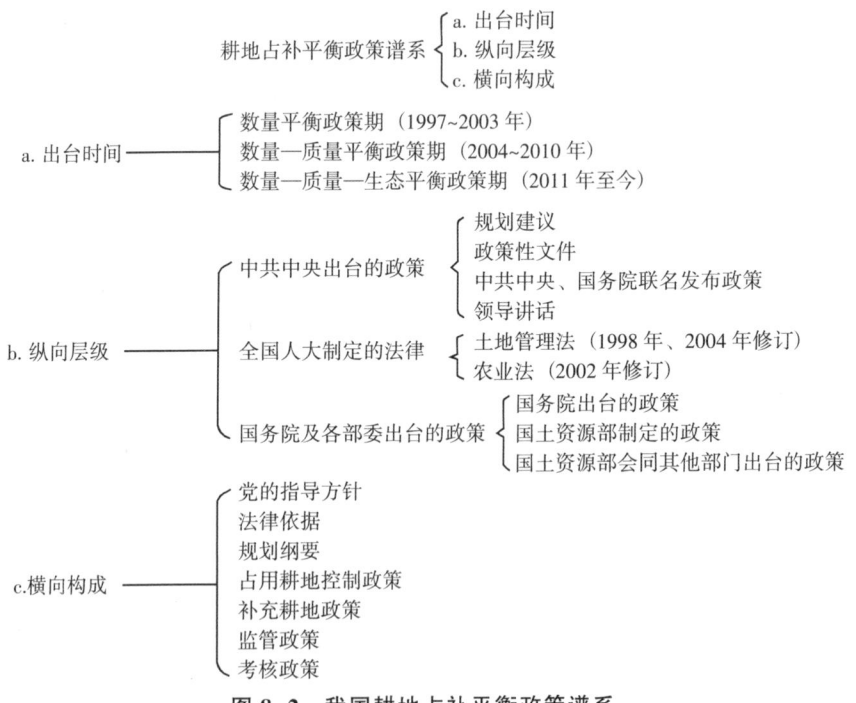

图8-2 我国耕地占补平衡政策谱系

第八章　内容分析方法在公共政策研究中的应用

第二节　政策内容文本编码统计

政策内容分析法所应用的量化编码分析有助于分析文字意义中的细微差别，这种定量分析研究对于分析直接引证和官方文件内容（如公共法律条文、政府文件等）是非常有用的。在这些公共法律与规章的条文中，文字已被视为可以理解的、仔细选择并转换成一定单元的准确信息[9]。耕地占补平衡政策的制定、合法化、执行和调整等过程，都是通过相关的政策文本形式来表达的。因此，应用这套量化编码规则对耕地占补平衡政策内容文本进行内容交错重叠部分的统计分析，可以简化对政策内容的理解，使政策重点内容、政策调整过程都清晰可见。

一、政策文本编码

编码是内容分析法的基本运作方式，就是将欲分析的对象内容，按照分析框架所设定的分类指标进行内容材料的分类，并且要将分类的过程按照各种指标和标准的要求进行量化标记[9]。本章采取自然编码和结构化编码相结合的方式，即以政策文本的自然属性为主要编码规则，并结合本章对耕地占补平衡政策发展阶段的划分，按照政策出台时间的先后顺序，将52项政策文件分别编码1~52，精简内容并绘成表格。

二、提炼政策内容主题词

内容编码对主题词的选择提出了较高要求，这是政策内容分析过程的关键所在。在对耕地占补平衡相关政策文本进行编码之前，确定了四条标准化规则[9]：第一，尽可能选用出现频次较多的关键语句，以增强统计数据的集中度，如"占用耕地"和"补充耕地"。第二，本章是在一定的研究假设基础上选择主题词的。比如，本章认为政府层级管理在耕地占补过程管理中至关重要，因此将"中央政府"和"地方政府"确定为主题词；基于对耕地占补过程的"数量—质量—生态平衡政策期"的假定，又

国家治理现代化视角下的公共政策创新

将"耕地数量""耕地质量"和"生态环境"等设为主题词。第三,编码要尽量完美,即能够将编码系统中所有相关条目都包括进来,充分体现研究过程的全面、系统和深入。第四,各主题词之间相互排斥,避免产生歧义,比如"耕地保护"与"保护耕地"即被设定为一词,"可持续利用"被归入"可持续发展"。

在仔细阅读52项耕地占补平衡相关政策文本的基础上,根据各项政策主题话语的变化特点归纳出22个主题词,分别为:A—耕地保护;B—占用耕地;C—补充耕地;D—耕地数量;E—耕地质量;F—中央政府;G—地方政府;H—经济效益;I—社会效益;J—生态效益;K—综合效益;L—监管;M—考核;N—国土空间;O—可持续发展;P—生态环境;Q—水资源保护;R—土地开发;S—土地复垦;T—土地整理;U—土地整治;V—农村文化。

三、政策主题词的频数统计

在完成了政策样本编码之后,采用计算机统计和人工统计相结合的方式进行数据统计。一方面,计算机统计速度快、操作容易;另一方面,在此基础上进行人工矫正,增加了统计的精准度。如计算机对"地方政府"的查找是简单而结构化的,然而,通过人工矫正,可以将"地方各级人民政府""省级人民政府"和"县级以上人民政府"的内容都纳入进来。另外,精准的语义分析需要对上下文语境进行正确的分析判断,如耕地占补平衡政策文件往往具备相似语境,则直接用"数量"和"质量"指代"耕地数量"和"耕地质量",这需要在对文本进行人工统计过程中加以特殊处理。还有,我国语言文字极其丰富,很多词语可能存在多个同义词和近义词,而计算机操作则无法识别,如"国家""国务院""中央国家机关"都有指代"中央政府"的可能性,这就需要对这些语句进行逐一的人工判断和统计。遵循以上原则,对耕地占补平衡相关政策主题词的频数及其比例进行统计,如表8-2所示。

第八章 内容分析方法在公共政策研究中的应用

表 8-2 耕地占补平衡政策主题词的频数及其比例

频数排序	编码	主题类别	频数合计	1997~2003年的政策样本			2004~2010年的政策样本			2011年至今的政策样本		
				频数	占比(%)	排序	频数	占比(%)	排序	频数	占比(%)	排序
合计		合计	3366	589	100		1503	100		1274	100	
1	S	土地复垦	534	11	1.9	12	115	7.7	4	408	32.0	1
2	C	补充耕地	385	83	14.1	3	262	17.4	1	40	3.1	7
3	U	土地整治	272	0	0	—	26	1.7	12	246	19.3	2
4	G	地方政府	267	103	17.5	1	111	7.4	5	53	4.1	5
5	R	土地开发	211	54	9.2	4	127	8.4	3	30	2.4	10
6	P	生态环境	198	37	6.3	7	54	3.6	9	107	8.4	4
7	A	耕地保护	190	45	7.6	5	115	7.7	4	30	2.4	10
8	B	占用耕地	183	87	14.8	2	86	5.7	8	10	0.8	12
9	E	耕地质量	182	40	6.8	6	102	6.8	6	40	3.1	7
10	T	土地整理	180	35	6.0	8	138	9.2	2	7	0.5	14
11	M	考核	167	13	2.2	11	115	7.7	4	39	3.1	8
12	Q	水资源保护	152	10	1.7	13	8	0.5	16	134	10.5	3
13	L	监管	137	0	0	—	95	6.3	7	42	3.3	6
14	O	可持续发展	88	8	1.4	14	45	3.0	11	35	2.7	9
15	D	耕地数量	82	26	4.4	10	47	3.1	10	9	0.7	13
16	F	中央政府	53	29	4.9	9	18	1.2	13	6	0.5	15

续表

频数排序	编码	主题类别	频数合计	1997~2003年的政策样本			2004~2010年的政策样本			2011年至今的政策样本		
				频数	占比(%)	排序	频数	占比(%)	排序	频数	占比(%)	排序
17	H	经济效益	21	5	0.8	15	9	0.6	15	7	0.5	14
17	J	生态效益	21	1	0.2	17	8	0.5	16	12	0.9	11
19	V	农村文化	16	0	0	—	13	0.9	14	3	0.2	16
20	I	社会效益	14	2	0.3	16	6	0.4	17	6	0.5	15
21	K	综合效益	10	0	0	—	3	0.2	18	7	0.5	14
22	N	国土空间	3	0	0	—	0	0	—	3	0.2	16

注："经济效益""生态效益"的频数合计均为21，因此二者的频数排序为并列第17位。

第八章　内容分析方法在公共政策研究中的应用

第三节　政策内容分析结果

对表 8-2 的频次分布数据，包括频数合计排序、三个研究阶段频数排序变化，以及不同政策主题词的频数升降变化趋势及原因分析等的系统分析结果主要包括以下七个方面。

一、政策主题词相对稳定和集中

在 22 个主题词中，按照总频数排序居前 10 位的分别是土地复垦、补充耕地、土地整治、地方政府、土地开发、生态环境、耕地保护、占用耕地、耕地质量和土地整理。这 10 个主题词出现的频数总和为 2602 次，占样本主题词总频数的 77.3%。结果表明，政策主题词分布基本上围绕相对稳定的主题词展开，政策体系属于比较集中的话语谱系。

二、"占用耕地"逐渐向"补充耕地"转移

占用耕地和补充耕地是实施耕地占补平衡政策的两个关键环节。据表 8-2 显示，"占用耕地"的频数合计为 183 次，且在三个平衡政策期呈下降趋势，分别为 87 次、86 次和 10 次；而"补充耕地"的频数合计为 385 次，且在三个平衡政策期的频数分别为 83 次、262 次和 40 次。可见，数量平衡政策期（1997~2003 年）"占用耕地"的频数大于"补充耕地"；而数量—质量平衡政策期（2004~2010 年）"补充耕地"频数（262 次）明显大于"占用耕地"频数（86 次）；数量—质量—生态平衡政策期（2011 年至今）只经过了两年时间，政策总量远远低于前期，而且政策内容中对"补充耕地"的表达往往被"土地复垦""土地整理"和"土地整治"等概念所取代。

三、"耕地数量"和"耕地质量"的频数对比变化明显

耕地数量是耕地占补平衡政策最初的,也是唯一的衡量指标;然而,当全国基本实现耕地数量平衡,耕地质量平衡指标开始融入政策内容。从政策主题词频数统计分析来看,"耕地数量"的频数合计为82次,且在三个平衡政策期的频数变化为26次、47次和9次,由此可见,政策在不同时期的关注点发生变化,政策主题词也会"漂移",甚至逐渐"淡出"。同时,"耕地质量"的频数合计为182次,居总频数排序前10位之内,在三个平衡政策期的频数变化为40次、102次和40次。这说明了耕地占补平衡政策内容已不再只关注耕地数量变化,"耕地质量"逐渐成为政策所重点关注的主题词。

四、补充耕地方式由土地开发向土地复垦、整理和土地整治转变

在耕地占补平衡政策实施过程中,我国补充耕地方式曾经一直以土地开发为主,而事实说明,过度的土地开发已经对耕地后备资源造成严重威胁。据表8-2显示,"土地开发"的频数总计为211次,居总频数排序的第5位,尤其在2004~2010年的频数为127,排序居第3位。然而,在近几年的政策主题词统计中,"土地复垦""土地整治"和"土地整理"等主题词的频数持续上升,其中"土地复垦"居总频数排序的第1位(534次),"土地整治"为第3位(272次),"土地整理"为第10位(180次)。将土地复垦、土地整治和土地整理的频数相加总和为986次,为土地开发频数的4.67倍。

五、"生态环境"越来越受到社会广泛关注

据表8-2显示,"生态环境"的频数总计为198次,居政策频数排序第6位,且在三个平衡政策期的频数呈明显的持续上升趋势,分别为37次、54次和107次。另外,与"生态环境"主题词密切相关的还有"可持续发展""生态效益"和"综合效益"等主题词。首先,"可持续发展"的

频数合计为88次,总排序第14位,且基本呈上升趋势发展;其次,"生态效益"处于逐渐被认识的阶段,因此出现的总频数还不多,但它的基本上升趋势清晰可见;最后,"综合效益"是继"经济效益""社会效益"和"生态效益"之后的一个较新的主题词,自2005年中央一号文件被首次提出之后,在近年出台的政策文件中经常出现,如在《全国土地整治规划(2011~2015年)》中指出"制定合理的产业用地政策,实现产业整体协同发展,提升整体功能和综合效益"[151]。因此,耕地的生态功能逐渐被人们所认识,生态环境因素也越来越多地被考虑到政策内容设计中。

六、规制地方政府行为始终是突出主题

中央政府与地方政府的互动关系一直是耕地占补平衡政策研究的热点问题。尽管地方政府的违法用地行为已成为影响政策效果的突出表现,但在事实上,耕地占补平衡政策内容设计始终将"地方政府"作为关键环节。由表8-2可知,"地方政府"在耕地占补平衡政策中的频数合计为267次,其频数排序为第4位,仅次于"土地复垦""补充耕地"和"土地整治"。"地方政府"在三个平衡政策期的频数统计中,排序分别为第1位、第5位和第5位。这一方面说明了耕地占补平衡政策的执行权在地方政府,另一方面也说明了中央政府始终高度重视地方政府的土地行政管理行为。因此,耕地占补平衡政策内容设计能够体现我国政府层级制管理的特点。

另外,主题词"监管"的统计频数持续增长,也说明了中央政府不断加强对地方政府土地行政管理的力度。然而,监管政策的出台却相对滞后,如:1997~2003年相应的监管政策措施缺位;2004~2010年监管措施出现,并上升为同期政策频数的6.3%,排序第7位;到了2011年之后,监管措施也保持在同期政策频数的3.3%,排序上升为第6位。

七、土地文化主题词逐渐显现

在耕地占补平衡相关政策发展过程中,"土地文化"经历着从无到有的过程,多以"农村文化""农耕文化"和"乡土文化"的形式出现。2006年中央一号文件首次提及"农村文化",并提出建立县文化馆、乡镇文化

站和村文化室的建议。2008年出现"加强乡村景观特色保护"的政策表达。《全国土地整治规划（2011~2015年）》中指出："加强村庄整体风貌设计，注重村庄人文环境、建筑环境和艺术环境的统一规划，实现自然环境和人文环境的和谐[151]。"

诚然，人类文化具有明显的地域特征，农耕文化、民俗文化都需要以土地作为基本依托，才能营造相应的人文环境、人文景观和人文空间。无论是耕地占用后被用于交通、建筑还是工矿等用途，都会直接破坏原有地貌，而相应的地域文化也会发生改变。在耕地占补平衡相关政策的表述中，"文化内涵"刚刚出现，还不够全面、不够系统，但作为社会进步最高形式的"文化"，应该成为未来政策设计的调整方向。

综上所述，内容分析方法不仅能够帮助政策分析者"扫描"政策的发展过程，而且能够"透视"政策演变的内在逻辑。本章对于政策内容分析方法的应用和拓展具有一定的启发意义，但对于样本内容选择、分类指标建构和编码准则设计等方面还有待在政策实践中得到完善和丰富。从另外层面看，政策文本具有主观性的人为选择特征，况且政策执行偏差亦难以避免，因此公共政策分析更应该综合考虑政策背景、政策过程、政策效果，以及深层次的政策原因。

第九章 我国农地非农化乱象中政府角色的政策网络分析[①]

农地非农化是世界各国普遍存在的社会现象，也是人类社会工业化和城市化进程中必然经历的社会过程。然而，我国长期以来的GDP导向加速了农地非农化的进程，其负面效应也逐渐凸显。我国政府开始高度关注农地非农化的公平与效率问题，重新审视"发展"与"保护"的关系协调。社会主义公有制决定了我国的土地具有国家或集体所有的特性，政府代表国家行使土地的所有权，那么我国的农地非农化从根本上说就不是单纯的市场行为，政府始终对土地进行全面而系统的管理。本章从层级制下的"政府角色"入手，对中央政府、政府职能部门和地方政府在农地非农化过程中的不同目标和定位进行梳理、剖析和判定，从而寻求在农地非农化过程中政府和市场，以及层级制政府之间的边界选择。

第一节 我国农地非农化乱象中的政府角色

农地作为一种稀缺性的社会资源，其转变用途的过程本身也是实现土地价值最大化的表现。然而这一过程涉及各种主体的利益调整，也需要强有力的法律保障和市场秩序。较之其他国家，社会主义国家制度本身决定了中国的农地属于国家或者集体所有，农地非农化是在这一基本制度背景下进行的[152]。在政府层级管理制度下，中央政府、政府各职能部门和

[①] 孙蕊，孙萍，张景奇. 我国农地非农化乱象中政府角色的政策网络分析[J]. 东北大学学报（社会科学版），2012（2）：119-124.

地方政府分别从土地宏观调控、政策制定、市场配置和行政监管等各个环节推动着农地非农化的整体进程。

一、中央政府的角色

一般认为，政府目标决定政府定位和角色。我国中央政府在国家的经济、社会和生态环境等多重目标的制约下，在农地非农化过程中担当重要角色。第一，我国的国家制度决定了我国的土地具有国家或集体所有的特性。从这种意义上说，国家是土地所有者，中央政府代表国家掌管着土地。只要涉及农地变为建设用地，就要通过政府征地，任何单位建设用地都要使用国有土地[153]。第二，政府作为国家和人民利益的代表，维护并实现社会公共目标，通过制定和调整公共政策，实现对土地资源的宏观调控。因此，中央政府是土地政策制定者。第三，政府的重要职能是向社会提供公共服务和基础设施，而土地是国家建设项目实施的最基本的保障。中央政府代表公众利益，运用行政力量配置和使用土地资源。因此，中央政府也是土地使用者。

二、政府各职能部门的角色

对于社会管理中的重大问题，既需要政府各职能部门的合理分工，同时也需要各部门之间的协作配合。依据国务院下属机构的不同职能[154]，将土地资源管理相关部委和行政机构分为三类，如图9-1所示。政府各职能部门都承担着各自的经济建设任务，更加关注各自领域的经济发展目标。因此，平行机构之间的横向沟通和协调尤为重要。

各级地方政府在中央的统一领导下，依据不同职能划分为各种行政机构，对于综合性重大问题也需要各部门的协调处理。图9-2以"某市土地储备联席会议"的成员单位为例，呈现了地方政府各职能部门在土地资源管理中的行政角色。

中央政府和地方政府的各职能部门在各层级管辖内按照各自的分工，在土地管理中担当不同角色，进行横向沟通和协调。第一，政府各职能部门在各自工作领域内向公众提供公共服务和基础设施，需要土地资源作为基本保障，使得政府成为直接的土地使用者。第二，政府各职能部门也是政策制定者和政策执行者。各层级国土部门代表政府直接履行土地管理职能，制定并执行土地政策，并在所属政府的协调下，听取各职能部门提出的原则意见。第三，国土部门是行政监督者。我国出台土地总督查制度，以此来平衡、监督省一级国土资源管理部门的管理权限，防止权力滥用，行使国家土地督察权[155]。

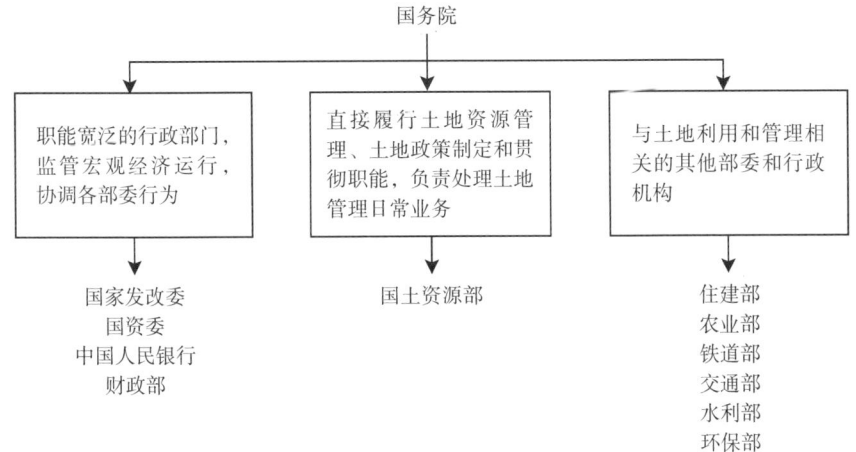

图 9-1　土地资源管理领域的中央政府各职能部门分类

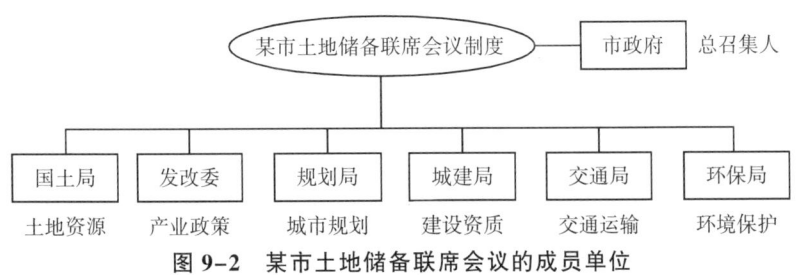

图 9-2　某市土地储备联席会议的成员单位

三、地方政府的角色

地方政府在中央政府的领导下，承担各地的社会、经济和文化建设的主要任务。现实中，我国地方政府主要考虑地区的局部利益，以经济、政治净收益最大化对待农地非农化[156]。第一，地方政府是土地政策执行者。地方政府的主要政治目标是贯彻执行中央政策，但也有权按照本区域实际情况对政策内容进行适应性调整。正是在我国目前法制化程度低、监督效力不强的情况下，某些地方政府在农地非农化中背离中央政策目标，出现政策执行偏差。第二，地方政府是农地非农化中的最大受益者。凭借垄断的土地所有权获得大量的地方财政，不仅促进了地方经济增长，还提升了地方政府和官员个人的政绩表现，使地方政府在农地非农化中一举多得。第三，地方政府也是土地使用者。出于经济、教育、卫生和交通等公共利益需要，地方政府通过行政力量获得土地使用权。

综上所述，中央政府、政府各职能部门和地方政府的行为目标决定了它们不同的行政角色，如图9-3所示。

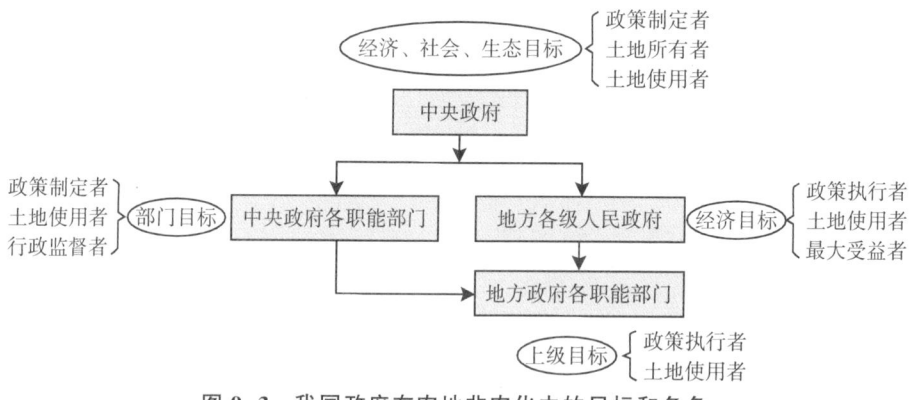

图9-3 我国政府在农地非农化中的目标和角色

中央政府从国家全局利益出发，综合考虑国家的经济、社会和生态发展目标，兼顾发展与保护的长远利益。中央政府各职能部门在国务院的领导下承担各自的经济建设任务。由于各部门工作目标的差异性，使部门间缺少联动从而丧失整体目标。地方政府则更偏重地区经济发展目标，而有忽视全局目标的倾向。地方政府各职能部门则处于地方政府和上级行政主管部门的双重领导之下。

第二节　我国农地非农化进程中政府角色的网络分析

从以上我国政府在农地非农化中的角色现状可以看出，我国政府始终

第九章 我国农地非农化乱象中政府角色的政策网络分析

是推动农地非农化进程的主导力量。然而,要判断农地非农化的负面影响是否与政府角色存在关联,就必然要将涉及的所有参与主体的角色视为影响因素,在已经形成的、互动的农地非农化社会网络中进行综合考量。

一、农地非农化政策网络的构成

政策网络研究者都注重研究具体网络的结构,最具代表性的是英国学者罗茨(R. A. W. Rhodes)(1997)对政策网络理论框架的系统构建,以及对政策网络中五种类型呈连续分布特征的总结[43]。我国的农地非农化过程涉及广泛的参与主体,包括中央政府、政府各职能部门、地方政府、农村集体经济组织、农民、用地单位、开发商、专家和学者,以及公众和媒体等。各种参与主体在政策的不同阶段发挥作用,而它们占有的社会资源不同,决定了它们在政策过程中的话语权存在差别,对政策结果的影响力也不尽相同。根据不同政策参与者的价值取向、结构特征、行为方式和对政策结果的影响,在 Rhodes 模式中它们分属于不同类型的政策网络,如图 9-4 所示。

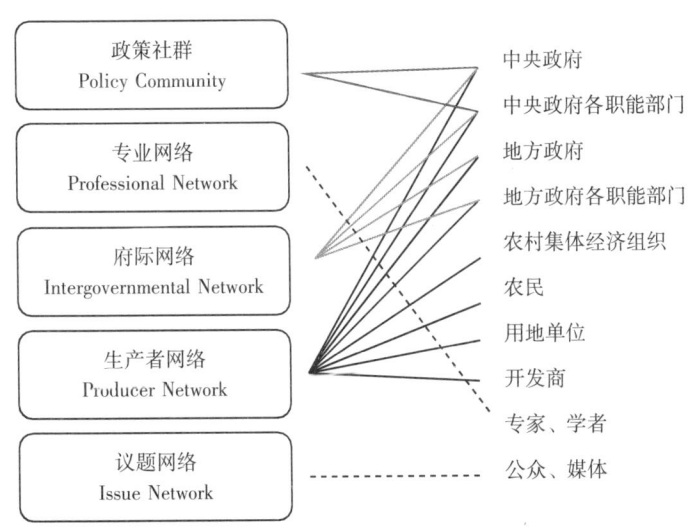

图 9-4 我国农地非农化政策网络的 Rhodes 模式

图 9-4 运用政策网络方法分析我国农地非农化过程中参与主体的不同类型。政策社群(Policy Community)由与政策制定直接相关的中央政府

（国务院）和所属各职能部门（国务院下属部委）构成，具有稳定的"上下级政府"和"同级政府"之间的互动关系，负责土地政策的制定、调整和监督。专业网络（Professional Network）由相关领域的专家和学者构成，具备专业技能和话语权。府际网络（Intergovernmental Network）由与政策制定过程相关联的政府部门间关系而形成，我国的政府层级制由国务院及省、市、县和乡政府组成；中央政府和各级地方政府都设置各种职能部门。生产者网络（Producer Network）关注直接利益的获得，土地所有者（农村集体经济组织）、使用者（农民）和需求者（用地单位、开发商）具有追求经济利益的特性，呈横向的相互合作关系。值得一提的是，在我国现有制度下，新增建设用地的土地有偿使用费在中央财政和地方财政中的分配，造成了我国政府也具有生产者网络特征。议题网络（Issue Network）由公众和媒体组成，这部分参与者数量众多，虽可以自由表达意见，但因该网络结构松散而无法形成合力，造成议题被采纳的程度低，对政策影响不大。

二、农地非农化的政策网络分析

有学者认为，政策网络不仅描述了政治体系中的结构变化，还刻画了一种与官僚机制、市场机制鼎足而立的新治理模式[157]。从根本上说，政策网络联系之中最终包含了两种起决定作用的因素——利益和权力。利益是政策网络中各方行动的动因，权力是促进目标达成的最有力手段[48]。在我国农地非农化政策网络中，政策社群和府际网络是由具有行政权力的政府部门组成的高度整合的网络层次；生产者网络具有追求经济利益的特性，已成为农地非农化过程中的既得利益者。所以，此政策过程在利益驱使和权力控制下，政策社群、府际网络和生产者网络无疑发挥关键的作用。专业网络和议题网络被排挤于"利益"和"权力"的网络之外，对政策制定的影响力较弱。

1. 权力控制下的政府角色

从交易费用经济学角度看，市场制只适合治理土地非农化中类似于城市土地资产的部分，而其他被新古典经济学称为外部性的部分，则需要通过层级制来治理[158]。无论是从理论上还是法律上，或是从我国的传统和国情出发，我国政府向来对土地实行严格的控制，而土地一级开发也必须

第九章 我国农地非农化乱象中政府角色的政策网络分析

由政府主体实施或授权实施。作为大规模的社会资源的合理分配，农地流转也必须在公平公正的环境中进行。因此，我国政府在农地非农化的政策社群和府际网络中发挥主导作用也是目前适宜我国国情的一种治理模式。

对于农地非农化规模和速率的合理推进，以及形成可持续治理的思路还有待探讨，尤其是地方政府还在单纯地以经济发展目标看待农地非农化，忽略对环境、生态和社会的负面影响。农地非农化需要适应社会经济发展，与工业化和城市化建设进程相匹配；失地农民需要由土地保障向社会保障的合理过渡；社会资源的分配也需要在一个更为公平公正的制度环境下进行。这些都需要政府作为公共利益的代表者和维护者，更加清晰地界定公共利益和商业利益，更加公正地行使公共权力。

2. 利益驱使下的市场交易

现阶段我国的农地非农化，作为一种交易过程，并不存在强有力的土地所有权和使用权的法律保障（农民权利经常受到歧视），没有产权的保障，建立市场就无从谈起[158]。如果说我国的市场经济体制改革一直是"摸着石头过河"，那么现阶段的农地流转也并非在真正的"市场制"下进行，更应该称之为一种"市场行为"或"交易行为"。生产者网络各主体具有追求经济利益的特性，更加关注农地流转后的土地使用权、建设用途和交易利润。

一方面，生产者网络由直接利益主体构成，包括农村集体经济组织、用地单位、开发商和农民，而尚未健全的"土地二级开发市场"向上游延伸、向权力倾斜，导致开发商、用地单位与地方政府间产生"隐形利益交换"，必然会干扰土地市场的正常发育。另一方面，由于政府在农地流转中也获得土地收益，即具备生产者网络的主体特征，土地管理法规定的"新增建设用地的土地有偿使用费，百分之三十上缴中央财政，百分之七十留给有关地方人民政府，都专项用于耕地开发"[159]，这决定了我国政府也是农地流转的利益获得者，在缺乏监督机制的情况下会导致"权力与利益的交易"。

3. 权力与利益之外的社会群体

专业网络和议题网络被排挤于"权力"和"利益"之外，对我国农地非农化政策过程的影响不大。然而值得一提的是，我国政府对这两个网络层次也构成重要影响。

我国政府凭借行政权力对政策研究组织和科研机构进行直接领导，对专业网络起到决定性指导作用。公众参与和媒体舆论是科学、民主决策的基础，也是维护和实现社会公平的条件。由于我国的土地权属关系，公众只是土地政策的被动执行者，而媒体也往往成为官方的"喉舌"，由政府控制。无论是在土地管理领域，还是在社会管理领域，公平、公正、公开的政策过程需要调动各种社会力量的共同参与。

三、政府角色冲突的困境

我国政府在农地非农化各个政策网络层次发挥重要作用，也导致了政府陷入行政角色冲突的困境。

1. 政府多元角色冲突的困境

在现有体制下，我国的农地非农化是由政府主导的土地流转和社会利益再分配过程。我国土地的社会主义公有制，导致我国政府在土地资源管理领域仍然倾向于保留计划经济体制下的某些职能，在政策网络的各个层次担当多元角色。例如，政府作为土地所有者和土地使用者的双重性，导致土地价值流失，无法正常流转；政府作为政策制定者和土地管理者的双重性，导致政策制定向政府部门和用地单位利益倾斜，从根本上不利于控制农地非农化规模。

2. 政府"维护公共价值"和"实现自身需要"冲突的困境

政府作为国家权力的执行机关，从其产生之日起，就具有了双重属性[160]。在农地非农化过程中，我国政府要创造公共价值，维护最广大人民的根本利益，但同时也要维护其组织内部的正常运转。地方政府则更多地考虑局部经济快速增长、地方财政和政绩表现，从而不断滋生扩大建设用地规模的冲动，导致农地非农化的低效率，与中央政府目标发生背离，在政策结果上背道而驰。

3. 土地行政"双重管理"冲突的困境

在我国土地行政管理实践中，国土部门既受本级人民政府领导，又受上级行政主管部门指导。作为本级人民政府的职能部门之一，国土部门分享了对土地事务管理的权限，在服从于行政首长领导的同时，还要在业务范围内与上级主管部门发生一定的关系[161]。比如，国土部门一方面要协助本级政府提供建设用地，促进区域经济发展；另一方面又要履行耕地保护职能。可以说，这种特殊的"双重身份"是导致一系列违法违规用地现象的根源，使我国土地行政管理面临不断冲突的困境。

第三节　我国农地非农化进程中政府角色的调整

综上所述，政府目标决定政府定位和角色。通过构建我国农地非农化政策网络，对政府角色进行分析，从而发现我国政府多元角色之间存在冲突。虽然改革开放以来，我国政府积极调整角色，使政府间关系发生了很大的变化，随着等级控制的逐渐淡化，上下级政府和同级政府间已出现网络化特征，但遗憾的是，政府间关系还有待进行系统梳理，政府行政角色还有待积极调整，只有这样才能尽快解决冲突，走出困境。

一、由"政府主导"向政府、市场和社会相互补充的"社会网络"结构过渡

在社会网络模式下，政府已不再只是公共物品和服务的直接提供者，而应该作为市场经济和社会网络的协调者，组织多方资源实现全社会的充分合作和共同发展，以成为公共治理中真正的规划者、引导者和协调者。

二、政府促进公共价值的提升

农地非农化是人类社会工业化和城市化的必经阶段，在推动社会经济建设快速发展的同时，不能以威胁粮食安全、危害生态环境为代价，更不能以牺牲农地发展权和农民发展权为代价。政府的职责是要关注国计民生和整个社会的可持续发展。政府要组织各种资源共同提升公共价值，为经济、政治和社会的全面进步和可持续发展创造良好环境。

三、加强中央政府、各职能部门和地方政府的协调，形成"整体政府"

中央政府、各职能部门和地方政府在公众面前是统一整体。要加强我

国庞大的政府机构的整体性，首先就要保证各级政府目标的一致性，包括政府目标与国家社会经济发展目标相一致，以及政府内部管理目标相一致。同时，政府管理体系的重新构建需尽快提上日程，淡化等级控制，实现上下级政府的纵向一致和同级政府的横向协调，以良好的"整体政府"形象实现对社会的公共治理，进而形成政府、市场和公民社会的良好合作与良性互动。

诚然，随着多元组织、多级政府和多种部门相互依赖关系的发展，政策网络也会面临多重困境。但是只要我们能够科学运用马克思主义的基本原理，在中国特色社会主义理论体系的指导下，结合我国国情在实践中大胆创新，进一步丰富和完善农地非农化方面的相关政策法规，将政府职能部门和地方政府的当前利益和长远发展目标统一到国家的发展战略当中来，并制定相应的政策保证政府职能部门和地方政府的积极性和主动性，就一定能很好地解决政府的角色冲突，很好地调和农地非农化进程中出现的各种矛盾和问题，有力地推进我国工业化和城市化的进程。

第十章 基于政策网络视角的公共政策主体互动模式探究[①]

政策网络研究者注重研究具体网络的结构,最具代表性的是英国学者罗茨(R.A.W.Rhodes)对政策网络理论框架的系统构建,以及对政策网络中五种类型呈连续分布特征的总结。各种参与主体在政策的不同阶段发挥作用,而它们占有的社会资源不同,决定了它们在政策过程中的话语权存在差别,对政策结果的影响力也不尽相同。根据不同政策参与者的价值取向、结构特征、行为方式和对政策结果的影响,在 Rhodes 模式中它们分属于不同类型的政策网络。

基于政策网络的研究视角,本章对一项公共政策——耕地占补平衡政策进行实证分析。鉴于网络结构、行动者及网络互动的关联性,深入剖析政策网络构成,以及各种主体在政策制定到政策执行过程中的互动模式关系变化,从而揭示政策网络运行的阻隔及根源——行政权力运用不当导致政策执行偏差、对边缘主体权利不够重视,以及政策网络未形成合力等。因此,以政策网络视角透视政策过程,即各种主体利用公共政策作为网络规则,相互交换资源、调整利益,各种行动者之间形成互为合作、竞争、协助或对抗等多种关系类型,从而推动政策网络运行,以及影响政策结果和走向。最后,在政策网络视阈下提出相应的对策建议。

我国耕地占补过程以表面的数量平衡掩盖了实质的不平衡现象。现有研究多集中于农学和经济学等操作层面对具体问题的探讨,而对该政策进行系统的政策分析的研究还不多见。如果从更深层次上理解,耕地占补平衡政策所涉及的核心问题是国家对耕地资源的配置问题,在实质上体现的是将各个层次的相关主体联系在一起,形成广泛而复杂的社会网络关系。

[①] 孙蕊,孙萍,吴金希,张景奇.耕地占补平衡政策主体互动模式探究:基于政策网络的视角[J].中国人口·资源与环境,2014,24(11)S3:213-216.中国博士后科学基金项目(2014M550758)。

而公共政策则作为网络规则，对各种主体进行利益调整。因此，本章以政策网络研究视角，从耕地占补平衡政策所涉及多元主体构成入手，重点关注各种主体在政策制定和执行过程中的价值取向、利益诉求和权力制衡，从而在政策网络分析框架下，剖析各种政策主体间的关系互动情况，以及揭示导致政策问题的深层次原因，探讨推动政策运行的真实动力。

第一节 政策网络分析框架的构建和应用

一、耕地占补平衡政策网络的构成

在十余年的政策实践中，耕地占补平衡政策历经复杂的政策过程，涉及广泛的参与主体。无论是中央政府、地方政府，还是企业和农民，基于不同的价值取向和利益诉求，在政策过程中采取不同的行动策略。根据英国学者罗茨（1997）的政策网络分类[43]，将耕地占补平衡政策涉及的所有参与主体视为影响因素，在已经形成的、互动的政策网络中进行综合考量，具体包括政策社群（Policy Community）、府际网络（Intergovernmental Network）、生产者网络（Producer Network）、专业网络（Professional Network）和议题网络（Issue Network）。以下运用政策网络方法分析我国耕地占补平衡政策过程中参与主体的不同类型。

1. 政策社群（Policy Community）

在我国现有的政治体制下，耕地占补平衡政策社群中的行动者主要包括立法机构、行政机构和政党，即中共中央、全国人大、国务院及其下属部委。政策社群在耕地占补平衡政策议程设定、方案制定、具体执行和监督考核等阶段都发挥主导作用，是耕地占补平衡政策的关键行动者。政策社群具有稳定的组织结构和高度的成员资格限制，其根本利益在总体上表现为"一致性"，兼顾国家经济、社会和生态全面发展目标；但由于部门利益的客观存在，使各种成员表现出局部利益倾向。政策社群与其他网络成员间均有主动、频繁的互动，因为只有得到各种网络行动者的支持，政策社群制定的政策才能得以顺利执行，从而实现政策目标。

2. 府际网络（Intergovernmental Network）

府际网络由与政策制定过程相关联的地方政府及其各职能部门组成，主要包括各省、市、县和乡级政府，负责传达和落实中央政府制定的各项政策。府际网络与政策社群、生产者网络和专业网络之间存在着相互依存的利害关系：其一，地方政府希望中央政府能够制定出利于本地区发展的政策；其二，地方政府会与生产者网络建立良好的合作关系，不仅可以提高土地利用效率，还能获得经济利益；其三，地方政府也会主动向专家和学者寻求专业帮助。然而，由于局部经济利益驱使，地方政府更加倾向于在扩大建设占地规模中获取地方财政和政绩表现，从而造成耕地占补平衡政策执行背离中央政策目标，出现政策执行偏差。

3. 生产者网络（Producer Network）

生产者网络行动者在耕地占补过程中以获取经济利益为主要目的。耕地的需求方（用地单位和开发商）和供应方（农民和集体经济组织）都具有追求经济利益的特性，各种行动者之间呈横向的相互合作和竞争关系。首先，用地单位和开发商是生产者网络的主要行动者。它们在城乡建设过程中获取巨额利润，但它们凭借专业优势提高土地利用效率，也加速了我国社会经济建设。它们主动与政策社群增进沟通，积极争取有利的政策出台；它们与府际网络紧密联系，以确保在政策执行中获取更多利益；它们还邀请专家为自己的开发方案提供合理性建议。其次，在征用耕地过程中，被征地农民会得到一定的经济补偿，只不过他们不一定是主动参与到征地过程中来，而获得的补偿也远不及耕地资源的全部价值，但农民却无法在政策过程中表达利益诉求。因此，从客观上讲，农民也成为生产者网络行动者的一部分，只不过他们是间接地、被动地参与政策过程。另外，值得一提的是，在我国现有制度下，新增建设用地的土地有偿使用费在中央财政和地方财政中的分配，造成了我国政府也具有生产者网络行动者的特征[162]。

4. 专业网络（Professional Network）

专业网络由相关领域的专家和学者构成。专业网络的行动者从各种学科角度出发，包括农学、土壤学、经济学、管理学和公共政策学等研究领域，为政策制定者提供专业知识，提高政策的科学化和专业化水平。同时，政策社群、府际网络、生产者网络的各种网络行动者因为自身缺乏相关专业背景知识的弱点，都积极地向专业网络寻求理论依据和参考建议。

因此，在耕地占补平衡政策制定和执行过程中，专业网络越来越受到各种网络行动者的重视，在一定程度上具备政策建议的话语权，成为政策网络的中间主体。

5. 议题网络（Issue Network）

议题网络主要由公众和媒体组成，这部分参与者数量众多，成员参与不受限制，虽可以自由表达意见，但因该网络结构松散而无法形成合力，造成议题被采纳的程度低，对政策影响不大。一方面，公众对耕地占补平衡政策过程不构成直接影响，但公众利益与建设占用耕地、补充耕地，以及由此引发的粮食安全、社会秩序和生态环境等社会问题都密切相关，作为强大的社会力量和政策背景因素，公众在一定程度上成为政策监督者。但是，由于成员复杂、结构分散和信息匮乏等现实原因，公众是对政策意见表达渠道最少的主体类型。另一方面，大众媒体对耕地占补平衡政策的作用是重要而多元的：其一，媒体是公众利益表达的重要渠道，能够及时地反映社会公共问题，有利于社会问题的解决；其二，政府也利用媒体宣传引导社会公共舆论，尤其扩大政策议程阶段的社会影响；其三，媒体可以间接行使政策监督职能，宣传和扩大政策执行问题，从而促进政策调整。

二、政策制定过程中的主体互动情况

在政策制定阶段，中央政府（国务院）和所属各职能部门（国务院下属部委）具有稳定的上下级政府和同级政府之间的互动关系，负责政策的制定和调整，是整个政策制定网络的核心主体，这也反映了中国的决策体制与权力配置关系的实质。耕地占补平衡政策制定网络关系互动情况，如图10-1所示。

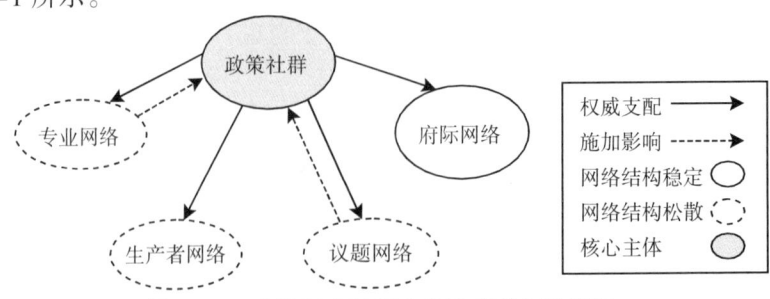

图 10-1 政策制定过程中行动者的互动情况

资料来源：笔者绘制。

如图 10-1 所示，政策社群和府际网络属于网络结构稳定的成熟网络，而其余三个网络结构相对松散。政策社群代表国家最高权力机构在政策制定网络中居于绝对的核心位置，对其他网络可以权威支配，可见政策社群在我国决策体制中的中心地位是清晰可见的。府际网络和生产者网络的活动并不频繁，因为府际网络在政府层级制管理中居于从属地位，而生产者网络则是绝大多数政策措施的目标群体，在此阶段并无太多发言权。议题网络中的民间组织、公众和媒体可以通过信访、舆论宣传等途径向中央政府反映基层意见。同时，出于决策科学化和专业化需要，政策社群会在议程阶段主动向专业网络寻求专业知识建议。从这种意义上说，专业网络能够向政策社群施加一定的影响，但作用极其有限。由此可见，政策社群是耕地占补平衡政策制定网络中的绝对核心主体，"权力"是政策制定网络关系互动的最终驱动因素。

三、政策执行过程中的主体互动模式变化

随着时间的推移，政策执行网络较政策制定网络发生了明显变化，不仅体现在网络结构的相对复杂，也体现在互动关系更为频繁（见图 10-2）。各种主体在不同政策阶段的关注点发生变化，从而适时转变观念、改变策略，这使政策主体之间的互动加强，关系也更加密切而复杂，使得整个政策网络更加灵活，也充满变化。

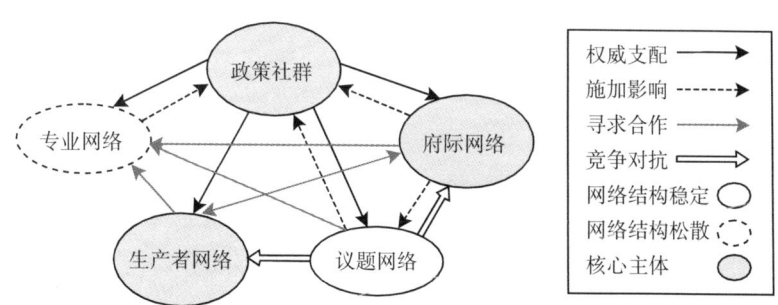

图 10-2　政策执行过程中行动者的互动情况

资料来源：笔者绘制。

由图 10-2 可知，政策社群仍然居于核心主导地位，但府际网络在整个网络中的作用明显加强。作为层级管理体制中的政策执行主体，地方政

府及其职能部门代表国家权力,负责分管各自区域内耕地占补平衡政策的各项具体工作。在此期间,府际网络与其他各种网络发生密切联系:首先,府际网络积极与生产者网络结成紧密同盟关系,谋求共同利益,而这种合作同盟关系也是双向的,正是生产者网络的利益需求和积极行动萌生了府际网络的"卖地冲动"和"共赢理念",使生产者网络逐步发展为核心主体;其次,府际网络主动向政策社群施加影响,以寻求政策倾斜和区域利益;同时,府际网络还利用国家权力对议题网络加强管理和控制;另外,府际网络也主动向专业网络寻求协助和支持,以获取更多的专业理论支持,提高政策专业化水平。相应地,专业网络的作用在此阶段受到了更多重视,除了受到政策社群的权威支配和府际网络的积极沟通外,公众和媒体也主动争取专业支持。由于不存在直接的利益关系,专业网络的专业知识、公正立场和话语权渠道可以为政策提供参考建议,但采纳程度完全取决于政策社群的决策和府际网络的实施过程。议题网络中利益受到伤害的民众除了通过信访和媒体力量外,与府际网络和生产者网络形成竞争对抗关系,甚至引发征地冲突事件。

第二节 政策网络阻隔及成因分析

由以上分析,按照各种主体在政策过程中发挥的不同作用,将它们划分为核心主体、中间主体和边缘主体[163]。核心主体居于政策网络的中心位置,在政策过程中发挥主导作用,包括中央政府及其职能部门、地方政府及其职能部门,以及用地单位和开发商;中间主体居于中间位置起连接作用,主要指专家、学者和媒体;边缘主体居于边缘位置起辅助作用,主要包括农民和公众(见图10-3)。

在政策制定过程中,政策社群是绝对的核心主体,代表国家最高权力,对其他主体权威支配。然而,政策执行网络结构发生了明显变化,主要表现为府际网络的作用明显加强。出于地区发展和政绩需求,它与生产者网络结成紧密同盟;而对利益最大化的追求使生产者网络也发展为核心主体;同时,府际网络还对上施加影响,对下加强管控;而议题网络中利益受到伤害的民众则缺少表达渠道而被边缘化。由此可见,在政策网络视

第十章 基于政策网络视角的公共政策主体互动模式探究

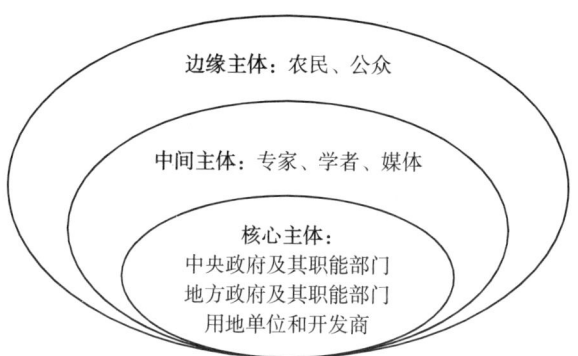

图 10-3 耕地占补平衡政策相关主体分类

资料来源：笔者绘制。

阈下，看似简单的耕地占补过程呈现出异常复杂的主体网络结构，诸多因素导致政策网络运行的阻隔。然而，这些并非政策目标的初衷。

一、行政权力运用不当导致政策执行偏差

由于我国的国家制度和土地制度原因，政府行政角色贯穿耕地占补平衡政策过程的各个环节。中央政府既是土地所有者，又是土地政策制定者，同时在政策执行和监督中发挥重要作用，而在某种程度上还成为土地的直接使用者。政府职能部门分别从各自角度关注局部经济发展目标，成为土地政策参与者和各自管辖范围内的土地使用者。与中央政府和政府职能部门相比，地方政府更具有独立的自主性，在 GDP 导向和政绩导向的制约下，地方政府在耕地占补过程中扮演着多元的行政角色——政策执行者、最大受益者和土地使用者。因此，我国政府陷入多元角色冲突的困境，直接导致政策执行偏差[164]。

二、对边缘主体权利的不重视

我国的决策机制与权力配置关系的实质，决定了我国政府以主导者身份，在整个耕地占补平衡政策过程中发挥重要作用；而边缘主体因缺少利益表达渠道，逐渐成为被排挤于"权力"和"利益"之外的社会群体。一方面，在政策制定过程中，政府尚未建立有效的公众参与机制，使农民、

公众与政府之间缺乏沟通渠道,因此农民和公众在政策制定中并无太多发言权,居于从属地位;另一方面,在政策执行过程中,受权力和利益的共同驱使作用,府际网络和生产者网络行动者成为政策执行过程中的核心主体,而农民和公众仍然居于政策网络的边缘位置。

三、政策网络未形成整体合力

政策网络联系之中最终包含两种起决定作用的因素——利益和权力。利益是政策网络中各方行动的动因,权力是促进目标达成的最有力手段[48]。一方面,在我国耕地占补平衡政策网络中,府际网络是与政策社群具有高度整合的网络层次,凭借行政授权成为政策执行中的核心主体;而地方政府的行政权力运用不当造成对中央政府的执行偏差,是导致政策执行网络异常复杂的主要原因。另一方面,在利益驱使下,生产者网络与府际网络频繁合作和交易。在缺乏监督机制的情况下,用地单位和开发商容易与地方政府间产生隐性利益交换,会导致权力与利益的交易。与此同时,专业网络和议题网络却被排挤于权力和利益之外。而作为强大的社会力量和政策背景,公众利益理应被充分考虑,但在政策具体执行中,社会弱势群体一直处于政策关注范围的"盲区"。

第三节　政策启示

政策网络不仅是公共政策分析的重要理论工具,而且为政策现实问题提供解决之道。因此,本章最后从网络结构、行动者及其互动等方面提出了矫正我国耕地占补平衡政策问题的对策建议。

一、组建耕地占补平衡政策共同体

政策共同体是一种相对稳定的结合体,其中的人们来自范围广泛的组织,他们发现他们一起被置于一个共同的持续基础之上来解决政策问题,这些问题永久地驻扎在每个政策来源的周围[42]。从总体上看,耕地占补

第十章　基于政策网络视角的公共政策主体互动模式探究

平衡政策共同体应该包括最广泛的社会成员参与。虽然政策核心主体，如国务院和国土资源部会参与政策过程的大多数环节，但是总会有不同的政策参与者在不同的政策阶段进入或退出，这表明政策过程各阶段的政策共同体是不同的。同时，基于政策网络的优势，政策核心主体也是内嵌于政策共同体之内的，与其他成员间处于平等地位，并产生广泛的交流和互动。

二、构建均衡的耕地占补平衡政策制定网络

首先，在政策内容设计方面，坚持耕地占补平衡政策的核心内容，结合土地功能区划和土地利用新特征，尽快加强对耕地质量、生态和文化方面的管理；逐步尝试打破行政区划界限，按照不同功能区的特点实行区域化、差别化的土地政策；在全社会范围树立"耕地资源政策价值"新理念，提倡"节约集约用地"的文化理念，实现耕地数量—质量—生态—文化的综合平衡。其次，在与其他政策的协调配套方面，加强土地政策与社会保障政策、就业政策和新兴产业政策之间的协调配合。最后，在政策制定网络层次上，进一步清晰划分"公共权力"和"政府权力"，从源头上规范网络互动的驱动因素——权力的行使。在依赖政府作用的同时，加强各种网络的协调沟通。建立完善的公众参与机制，充分听取各种网络层次的政策建议，实现政策制定网络的均衡状态。

三、实现耕地占补平衡政策执行网络的平衡

政策执行网络较政策制定网络发生了明显的网络结构和互动关系变化，其网络运行呈明显的动态特征。各种政策主体根据对政策资源的掌握程度，在权力控制和利益驱使下，对政策内容做出执行层面的灵活运用，也对相互关系做出主动或被动的调整。因此，耕地占补平衡政策执行过程和效果并非政策制定的初衷，要扭转这种局面，必须对政策执行网络进行调整，加强措施使政策执行网络形成整体合力。首先，调整政府的施政之道，加强中央政府、各职能部门和地方政府的协调，形成"整体政府"；政府担当公共治理中的规划者、引导者和协调者角色；主动加强与其他网络的主动合作，提高政府公信力和执政力。其次，依赖政府的积极作用，

构建政府、市场和社会相互补充的社会网络结构,争取各种政策主体的广泛参与,尤其要发挥专业网络和议题网络的积极作用。最后,加强权力监督和利益分配机制的调整,实现"社会公平公正"的政策目标。

第十一章　总结与讨论

第一节　研究结论

本书基于公共管理专业背景,将创新理论应用于公共政策研究中,并将治理理论引入创新领域,通过对我国战略性新兴产业政策量化研究,政策生命周期视野下的中国创新政策演变,科技治理体系现代化的概念、特征与挑战,以及创新理论与公共政策实践研究(以一项土地政策为例),对"国家治理现代化""创新驱动发展战略"和"公共治理"三方面进行交叉研究,并尝试将它们整合为一个综合分析框架(见图 11-1)。本书得出以下研究结论:

一、国家治理现代化理论推动并深化了公共政策研究

本书在总结"国家治理体系和治理能力现代化"与"公共政策创新"之间的联系和学术思想的基础上,对"国家治理现代化""创新驱动发展战略"和"公共治理"三方面进行交叉研究,并整合为一个综合分析框架。在研究过程中,以政策分析为研究方法和基本线索,分别从政策内容、政策工具、政策过程和政策网络等各个方面探讨我国战略性新兴产业政策、创新政策,以及科技治理体系现代化进程中的规律性特征。通过本书,以期丰富国家治理体系和治理能力现代化的研究成果,并为科技创新、公共治理、公共政策等研究领域和实践提供科学建议。

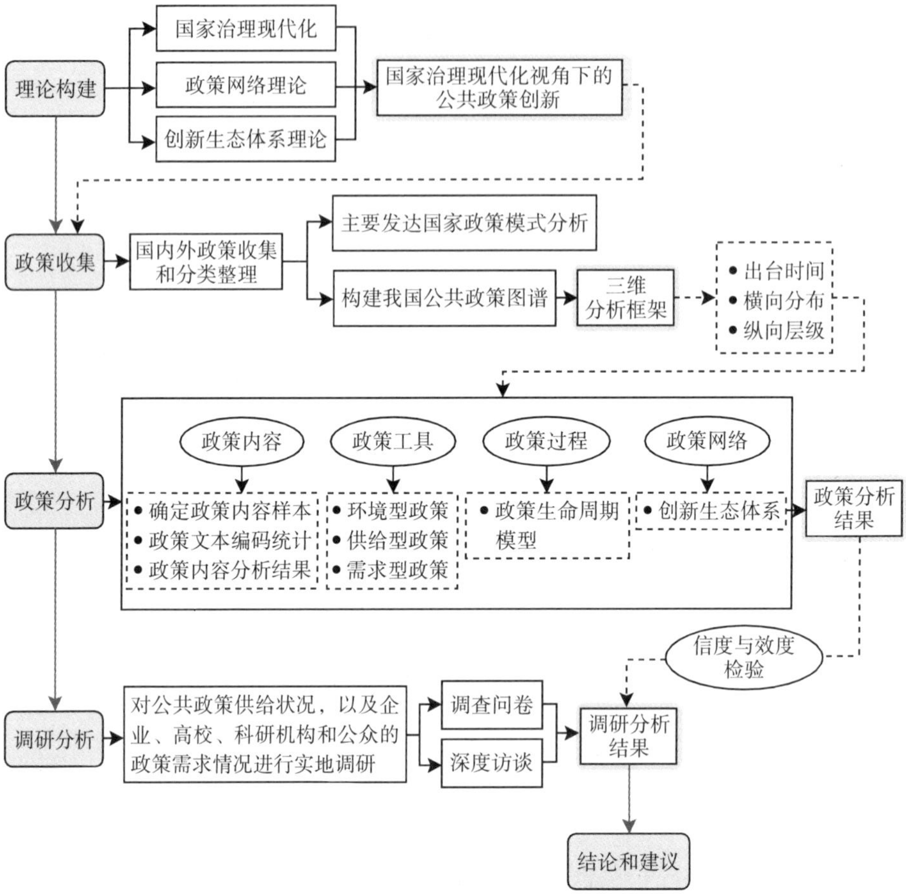

图 11-1 研究分析框架

二、创新理论拓宽了公共政策分析的思路方法

政策分析（Policy Analysis）是一门在辩论和公共讨论时运用多种调查方法，严格地评价和交流政策相关知识的应用社会科学学科[165]。政策分析不仅借鉴社会学和行为科学，还借鉴公共行政、法律、哲学、伦理学及系统分析和应用数学的许多分支学科[166]。当前，我国实施创新驱动发展战略，将科技创新摆在国家发展全局的核心位置。本书认为，创新理论在以下三个方面拓宽了公共政策分析的思路方法：其一，创新理论对于各领域公共政策，包括社会政策、教育政策、科技政策和产业政策等都具有重

要的理论指导意义，目的是使政策制定更科学、政策目标更精准、政策程序更规范、政策内容更合理和政策效果更明显；其二，本书借鉴创新理论中的"创新生态体系"概念，与政策科学中的"政策网络"有相似之处，不仅描述各种创新主体之间的联系，而且强调各种创新要素的相互依赖、共生共赢和生态环境，具备更为丰富的理论内容；其三，借鉴"产业生命周期"概念，本书提出并构建"政策生命周期"模型，在实质上是政策过程理论的延伸，是对于"政策生命"各阶段的深入分析。

三、大数据方法在科技创新和公共政策量化研究中得到应用

本书中，大数据方法在我国战略性新兴产业政策和土地政策研究中得到应用。内容分析法在大数据背景下逐步被重视，并被应用于对文献内容进行系统的定量与定性研究，适用于文本数量庞大、层次结构复杂的我国各级政府间各类政策文件的梳理与分析。其优势在于综合运用定量与定性分析方法，可以测度出政策文本有关主题词的本质、问题和发展趋势。内容分析方法不仅能够帮助政策分析者"扫描"政策的发展过程，而且能够"透视"政策演变的内在逻辑。本书对于政策内容分析方法的应用和拓展具有一定的启发意义，但对于样本内容选择、分类指标建构和编码准则设计等方面还有待在政策实践中得到完善和丰富。从另外层面看，政策文本具有主观性的人为选择特征，况且政策执行偏差亦难以避免，因此公共政策分析更应该综合考虑政策背景、政策过程、政策效果，以及深层次的政策原因。

第二节 有待深入研究的问题

一、进一步的实地调研

本书的研究进展到现阶段，其理论构建、分析框架和政策研究等都已

逐步完善，且已形成部分阶段性研究成果。但是正如图 11-1 所示，政策分析结果需要进一步得到实地调研结果的验证，才能真正做到"从实践中来，到实践中去"。笔者下一步计划对公共政策供给状况，以及企业、高校、科研院所和公众的政策需求情况进行实地调研，通过进一步的调查问卷和深度访谈，以验证和完善政策分析结果，以期为我国科技创新的公共治理研究和实践提供一个更为系统、科学、合理的解决方案。

二、信度、效度检验和技术方法的应用

本书应用内容分析法对我国战略性新兴产业政策和土地政策进行量化研究。下一步将对分析结果进行信度和效度检验，运用计算机技术对政策文本进行统计分析，包括：运行 Foxtable 完成政策内容数据统计；利用 Excel 的数据透视表功能得到共词矩阵；通过 SPSS 对主题词进行样本聚类和变量聚类过程分析；用 NetDraw 或 Pajek 可视化软件绘制网络图，直观呈现政策主题词以及各主题词之间的相互关系。

三、创新 2.0 与政府 2.0

目前，创新 2.0 正逐步浮现并进一步推动社会形态的深刻变革[167]。创新的实质是价值实现，而创新 2.0 在信息技术融合发展的信息时代、知识社会环境下，以用户为中心、社会为舞台的大众创新、开放创新、协同创新，通过多主体、多要素互动以及双螺旋驱动不断推动创新涌现，将面向用户的价值实现提升到一个新的高度[168-169]。结合专业背景和研究兴趣，笔者下一步计划运用公共政策理论和方法研究中国政府改革；运用创新理论研究政府改革和公共政策问题；借鉴大数据方法，对政府改革和公共行政进行政策分析和定量研究。

附录 A 我国战略性新兴产业政策样本（2010~2015 年）

表 A-1 国家层面的战略性新兴产业政策（2010~2015 年）①

编号	发布时间	政策名称
1	2010.10	《国务院关于加快培育和发展战略性新兴产业的决定》（国发〔2010〕32 号）
2	2010.10	《发展改革委关于印发加强区域产业创新基础能力建设工作指导意见的通知》（发改高技〔2010〕2455 号）
3	2010.10	《中共中央关于制定国民经济和社会发展第十二个五年规划的建议》
4	2011.02	《国务院关于印发进一步鼓励软件产业和集成电路产业发展若干政策的通知》（国发〔2011〕4 号）
5	2011.03	《2011 年政府工作报告》
6	2011.03	《产业结构调整指导目录（2011 年本）》
7	2011.05	《国家发展改革委办公厅关于组织推荐国家重点节能技术的通知》（发改办环资〔2011〕1093 号）
8	2011.07	《财政部、科技部关于印发〈国家科技成果转化引导基金管理暂行办法〉的通知》（财教〔2011〕289 号）
9	2011.07	《国家"十二五"科学和技术发展规划》
10	2011.09	十部委《关于促进战略性新兴产业国际化发展的指导意见》（商产发〔2011〕310 号）
11	2011.11	《物联网"十二五"发展规划》
12	2011.12	《国务院办公厅关于加快发展高技术服务业的指导意见》（国办发〔2011〕58 号）
13	2011.12	《国务院关于印发工业转型升级规划（2011~2015 年）的通知》（国发〔2011〕47 号）

---

① 本书选取了 2010 年 10 月至 2015 年 6 月我国国家层面出台的战略性新兴产业政策样本共计 80 项，包括 Word 和 PDF 文件共计 845 页、902321 字。

续表

编号	发布时间	政策名称
14	2012.01	《国务院关于印发全国现代农业发展规划（2011~2015年）的通知》（国发〔2012〕4号）
15	2012.01	四部委联合发布《重大技术装备自主创新指导目录》（2012年版）
16	2011.12	《国务院关于印发"十二五"控制温室气体排放工作方案的通知》（国发〔2011〕41号）
17	2012.02	《电子信息制造业"十二五"发展规划》
18	2012.02	《集成电路产业"十二五"发展规划》
19	2012.02	《太阳能光伏产业"十二五"发展规划》
20	2012.02	《国务院关于西部大开发"十二五"规划的批复》（国函〔2012〕8号）
21	2012.03	《2012年政府工作报告》
22	2012.03	《关于印发下一代互联网"十二五"发展建设的意见通知》（发改办高技〔2012〕705号）
23	2012.03	《国务院关于东北振兴"十二五"规划的批复》（国函〔2012〕17号）
24	2012.04	《软件和信息技术服务业"十二五"发展规划》
25	2012.04	《国务院关于进一步支持小型微型企业健康发展的意见》（国发〔2012〕14号）
26	2012.04	《国务院办公厅转发知识产权局等部门关于加强战略性新兴产业知识产权工作若干意见的通知》（国办发〔2012〕28号）
27	2012.05	《国务院办公厅关于印发贯彻实施质量发展纲要2012年行动计划的通知》（国办发〔2012〕27号）
28	2012.05	《国务院办公厅转发发展改革委等部门关于加快培育国际合作和竞争新优势指导意见的通知》（国办发〔2012〕32号）
29	2012.05	《国务院关于加强进口促进对外贸易平衡发展的指导意见》（国发〔2012〕15号）
30	2012.06	《国务院关于印发"十二五"节能环保产业发展规划的通知》（国发〔2012〕19号）
31	2012.06	《国务院关于印发节能与新能源汽车产业发展规划（2012~2020年）的通知》（国发〔2012〕22号）
32	2012.07	《关于印发半导体照明科技发展"十二五"专项规划的通知》（国科发计〔2012〕772号）
33	2012.07	《国务院关于印发"十二五"国家战略性新兴产业发展规划的通知》（国发〔2012〕28号）
34	2012.08	《国务院关于印发节能减排"十二五"规划的通知》（国发〔2012〕40号）

附录 A　我国战略性新兴产业政策样本（2010~2015 年）

续表

编号	发布时间	政策名称
35	2012.08	《国务院关于大力实施促进中部地区崛起战略的若干意见》（国发〔2012〕43 号）
36	2012.09	《国务院关于促进企业技术改造的指导意见》（国发〔2012〕44 号）
37	2012.09	《中共中央、国务院关于深化科技体制改革加快国家创新体系建设的意见》
38	2012.12	《国务院关于印发服务业发展"十二五"规划的通知》（国发〔2012〕62 号）
39	2012.12	《国务院关于印发生物产业发展规划的通知》（国发〔2012〕65 号）
40	2012.12	《关于印发〈战略性新兴产业发展专项资金管理暂行办法〉的通知》（财建〔2012〕1111 号）
41	2013.01	《国务院关于印发能源发展"十二五"规划的通知》（国发〔2013〕2 号）
42	2013.01	《国务院关于印发"十二五"国家自主创新能力建设规划的通知》（国发〔2013〕4 号）
43	2013.01	《国务院关于印发循环经济发展战略及近期行动计划的通知》（国发〔2013〕5 号）
44	2013.02	《国务院办公厅关于强化企业技术创新主体地位全面提升企业创新能力的意见》（国办发〔2013〕8 号）
45	2013.02	《国务院关于推进物联网有序健康发展的指导意见》（国发〔2013〕7 号）
46	2013.02	《国务院关于印发国家重大科技基础设施建设中长期规划（2012~2030 年）的通知》（国发〔2013〕8 号）
47	2013.03	《2013 年政府工作报告》
48	2013.03	《战略性新兴产业重点产品和服务指导目录》（国家发改委公告〔2013〕第 16 号）
49	2013.07	《国务院办公厅关于金融支持经济结构调整和转型升级的指导意见》（国办发〔2013〕67 号）
50	2013.07	《国务院关于促进光伏产业健康发展的若干意见》（国发〔2013〕24 号）
51	2013.09	《国务院关于印发大气污染防治行动计划的通知》（国发〔2013〕37 号）
52	2013.10	《国务院办公厅关于印发国家卫星导航产业中长期发展规划的通知》（国办发〔2013〕97 号）
53	2013.10	《国务院关于化解产能严重过剩矛盾的指导意见》（国发〔2013〕41 号）
54	2013.12	《国务院关于印发全国资源型城市可持续发展规划（2013~2020 年）的通知》（国发〔2013〕45 号）
55	2014.03	《国务院办公厅关于推进城区老工业区搬迁改造的指导意见》（国办发〔2014〕9 号）

续表

编号	发布时间	政策名称
56	2014.04	《国务院关于支持福建省深入实施生态省战略加快生态文明先行示范区建设的若干意见》（国发〔2014〕12号）
57	2014.04	《国务院关于落实〈政府工作报告〉重点工作部门分工的意见》（国发〔2014〕15号）
58	2014.05	《国务院关于进一步促进资本市场健康发展的若干意见》（国发〔2014〕17号）
59	2014.05	《国务院批转发展改革委关于2014年深化经济体制改革重点任务意见的通知》（国发〔2014〕18号）
60	2014.05	《国务院办公厅关于印发2014~2015年节能减排低碳发展行动方案的通知》（国办发〔2014〕23号）
61	2014.06	《国务院关于加快发展现代职业教育的决定》（国发〔2014〕19号）
62	2014.08	《国务院办公厅关于进一步推进排污权有偿使用和交易试点工作的指导意见》（国办发〔2014〕38号）
63	2014.08	《国务院关于近期支持东北振兴若干重大政策举措的意见》（国发〔2014〕28号）
64	2014.08	《国务院关于加快发展现代保险服务业的若干意见》（国发〔2014〕29号）
65	2014.09	《国务院关于依托黄金水道推动长江经济带发展的指导意见》（国发〔2014〕39号）
66	2014.10	《国务院关于加快科技服务业发展的若干意见》（国发〔2014〕49号）
67	2014.11	《国务院办公厅关于促进国家级经济技术开发区转型升级创新发展的若干意见》（国办发〔2014〕54号）
68	2014.11	《国务院关于创新重点领域投融资机制鼓励社会投资的指导意见》（国发〔2014〕60号）
69	2015.01	《国务院印发关于深化中央财政科技计划（专项、基金等）管理改革方案的通知》（国发〔2014〕64号）
70	2015.01	《国务院办公厅关于转发知识产权局等单位深入实施国家知识产权战略行动计划（2014—2020年）的通知》（国办发〔2014〕64号）
71	2015.02	《国务院关于加快培育外贸竞争新优势的若干意见》（国发〔2015〕9号）
72	2015.03	《中共中央、国务院关于深化体制机制改革加快实施创新驱动发展战略的若干意见》
73	2015.03	《国务院办公厅关于发展众创空间推进大众创新创业的指导意见》（国办发〔2015〕9号）
74	2015.04	国务院关于落实《政府工作报告》重点工作部门分工的意见（国发〔2015〕14号）
75	2015.04	《国务院办公厅关于转发工业和信息化部等部门中药材保护和发展规划（2015—2020年）的通知》（国办发〔2015〕27号）

续表

编号	发布时间	政策名称
76	2015.04	《国务院关于印发中国（天津）自由贸易试验区总体方案的通知》（国发〔2015〕19号）
77	2015.04	《国务院关于印发中国（福建）自由贸易试验区总体方案的通知》（国发〔2015〕20号）
78	2015.05	《国务院关于进一步做好新形势下就业创业工作的意见》（国发〔2015〕23号）
79	2015.05	《国务院关于印发〈中国制造2025〉的通知》（国发〔2015〕28号）
80	2015.06	《国务院关于大力推进大众创业万众创新若干政策措施的意见》（国发〔2015〕32号）

附录B 我国耕地占补平衡相关政策汇总

表 B-1 我国耕地占补平衡相关政策汇总

政策阶段	序号	时间	政策名称	部门
数量平衡政策期(1997~2003年)	1	1997.05	《进一步加强土地管理，切实保护耕地的通知》（中发〔1997〕11号）	中共中央、国务院
	2	1998.08	《土地管理法》修订	全国人大
	3	1998.12	《土地管理法实施条例》（国务院令第256号）	国务院
	4	1998.12	《基本农田保护条例》（国务院令第257号）	国务院
	5	1999.02	《关于切实做好耕地占补平衡工作的通知》（国土资发〔1999〕39号）	国土资源部
	6	1999.04	《全国土地利用总体规划纲要（1997~2010年）》	国务院
	7	2000.03	《关于违反土地管理规定行为行政处分暂行办法》	监察部、国土资源部
	8	2000.04	《关于加大补充耕地工作力度，确保实现耕地占补平衡的通知》	国土资源部
	9	2000.10	《中共中央关于制定国民经济和社会发展第十个五年计划的建议》	中共中央
	10	2001.11	《关于进一步加强和改进耕地占补平衡工作的通知》（国土资发〔2001〕374号）	国土资源部
	11	2002.12	《农业法》修订	全国人大
	12	2003.12	《关于促进农民增加收入若干政策的意见》（2004年中央一号文件）	中共中央、国务院

续表

政策阶段	序号	时间	政策名称	部门
数量—质量平衡政策期(2004~2010年)	13	2004.08	《土地管理法》修订	全国人大
	14	2004.10	《国务院关于深化改革土地管理的决定》(国发〔2004〕28号)	国务院
	15	2005.01	《关于进一步加强农村工作提高农业综合生产能力若干政策的意见》(2005年中央一号文件)	中共中央、国务院
	16	2005.10	《中共中央关于制定国民经济和社会发展第十一个五年规划的建议》	中共中央
	17	2005.10	《省级政府耕地保护责任目标考核办法》	国务院
	18	2006.02	《关于推进社会主义新农村建设的若干意见》(2006年中央一号文件)	中共中央、国务院
	19	2006.06	《耕地占补平衡考核办法》	国土资源部
	20	2006.07	《关于建立国家土地督查制度有关问题的通知》(国安办〔2006〕50号)	国务院
	21	2006.11	《关于调整新增建设用地土地有偿使用费政策等问题的通知》(财综〔2006〕48号)	财政部、国土资源部、中国人民银行
	22	2007.01	《关于积极发展现代农业,扎实推进社会主义新农村建设的若干意见》(2007年中央一号文件)	中共中央、国务院
	23	2007.10	《高举中国特色社会主义伟大旗帜,为夺取全面建设小康社会新胜利而奋斗》(党的十七大报告)	中共中央
	24	2007.12	《中华人民共和国耕地占用税暂行条例》(国务院令第511号)	国务院
	25	2008.01	《关于切实加强农业基础建设、进一步促进农业发展农民增收的若干意见》(2008年中央一号文件)	中共中央、国务院
	26	2008.02	《土地调查条例》(国务院令第518号)	国务院
	27	2008.05	《违反土地管理规定行为处分办法》	监察部、人力资源和社会保障部、国土资源部

续表

政策阶段	序号	时间	政策名称	部门
数量—质量平衡政策期（2004—2010年）	28	2008.06	《关于严格耕地占补平衡管理的紧急通知》（国土资电发〔2008〕85号）	国土资源部
	29	2008.06	《城乡建设用地增减挂钩试点管理办法》（国土资发〔2008〕138号）	国土资源部
	30	2008.08	《全国土地利用总体规划纲要（2006—2020年）》	国务院
	31	2008.08	《关于进一步加强土地整理复垦开发工作的通知》（国土资发〔2008〕176号）	国土资源部
	32	2008.09	《关于加强建设用地动态监督管理的通知》（国土资发〔2008〕192号）	国土资源部
	33	2008.10	《关于推进农村改革发展若干重大问题的决定》	中共中央
	34	2008.11	《建设项目用地预审管理办法》（国土资源部令第42号）	国土资源部
	35	2009.01	《中共中央、国务院关于2009年促进农业稳定发展农民持续增收的若干意见》（2009年中央一号文件）	中共中央、国务院
	36	2009.03	《关于全面推行耕地先补后占有关问题的通知》（国土资〔2009〕31号）	国土资源部
	37	2009.06	《重大土地违法案件查办办法》（国土督办发〔2009〕16号）	国家土地总督察办公室
	38	2009.12	《关于加强耕地占补平衡补充耕地质量建设与管理的通知》（国土资发〔2009〕168号）	国土资源部、农业部
	39	2010.01	《中共中央、国务院关于加大统筹城乡发展力度，进一步夯实农业农村发展基础的若干意见》（2010年中央一号文件）	中共中央、国务院
	40	2010.01	《关于切实加强耕地占补平衡监督管理的通知》	国土资源部
数量—质量—生态平衡政策期（2011年至今）	41	2010.10	《中共中央关于制定国民经济和社会发展第十二个五年规划的建议》	中共中央
	42	2010.12	《全国主体功能区规划——构建高效、协调、可持续的国土空间开发格局》	国务院
	43	2011.01	《中共中央、国务院关于加快水利改革发展的决定》（2011年中央一号文件）	中共中央、国务院
	44	2011.03	《土地复垦条例》（国务院令第592号）	国务院
	45	2011.09	《高标准基本农田建设规范（试行）》	国土资源部

续表

政策阶段	序号	时间	政策名称	部门
数量—质量—生态平衡政策期（2011年至今）	46	2011.12	《关于闲置土地处置办法（修订草案）》（征求意见稿）	国土资源部
	47	2012.02	《中共中央、国务院关于加快推进农业科技创新、持续增强农产品供给保障能力的若干意见》（2012年中央一号文件）	中共中央、国务院
	48	2012.03	《全国土地整治规划（2011～2015年）》	国土资源部
	49	2012.04	《关于加快编制和实施土地整治规划，大力推进高标准基本农田建设的通知》（国土资发〔2012〕63号）	国土资源部、财政部
	50	2012.11	《坚定不移沿着中国特色社会主义道路前进，为全面建成小康社会而奋斗》（中共十八大报告）	中共中央
	51	2012.12	《土地复垦条例实施办法》	国土资源部
	52	2013.01	《中共中央 国务院关于加快发展现代农业，进一步增强农村发展活力的若干意见》（2013年中央一号文件）	中共中央、国务院

资料来源：笔者整理。

附录 C 我国耕地占补平衡政策主题词的频数统计

表 C-1 我国耕地占补平衡政策主题词的频数统计

Y\X	A	B	C	D	E	F	G	H	I	J	K	L	M	N	O	P	Q	R	S	T	U	V
1	13	13			4	11	9						1			2		2		2		
2	3	13	7		2	6	29								2	4			2	1		
3	1	4	8			4	12											2	1	4		
4				6	4		11						1		1							
5	13		10	2			10											8		1		
6	18	25	2	3	8	2	13	1		1			2		1	17	4	12	7	25		
7				4			1															
8	2	8	27		2		7	3	2							3	6	16		1		
9	2												1		3	3						
10	3	11	36	4	17		1						8		2	2		13		1		
11	1				2	2	10	1							1	9						
12	2			1	1	4												1	1			

续表

Y\X	A	B	C	D	E	F	G	H	I	J	K	L	M	N	O	P	Q	R	S	T	U	V
13	5	13	7	8	3	1	13	1				1	8		2	4		4	4	1		
14	11	3		4	4	4	6	1							2			1				
15	3	1			8	1	3					3				1	1	2		1		
16	1						1				1				6	3	1					
17	13	1	46	2	4	1	15						20					3		1		4
18	1	10		6	2	5	5						27					14		15		
19	1				5		12					1	1					6	1	5	1	
20	1					3	12		2				1		2							2
21	1						4								6	8	1					
22					1			2		1												
23	1	10						1					2		1			1				
24	1	1		1		1	4			1										1		
25	2		12	2			2				2	2	3					1	2			
26	1	2		2	3		3										1	1				
27	3	4	28	2	4	1	8	1				6	9						11	14	14	
28	1	2		12	24		3						7		4	26		30	24	30		
29	33	16										8			1				38	36		
30	1	4	15	1	1		2						2	1	1	2		34				
31	4	4	15	1	1		2						2									

附录 C 我国耕地占补平衡政策主题词的频数统计

续表

Y\X	A	B	C	D	E	F	G	H	I	J	K	L	M	N	O	P	Q	R	S	T	U	V
32	7	1	9	1	1		3					51	1					6	4	4		
33	7		2		2			1		1			3		10	6	1		2	1	2	5
34	1	1																1	2		2	1
35	3	1		1	4		1			2		5	6				1		2	1	1	
36	4	7	36	4	32		5					1	5					9	9	9		
37	2	3	42		2		5					2										
38	3		1	3	1		3								1	4	2	3	3	3	4	1
39	3	6	64					2		2			5		1	56	84	2	1	3		
40	1			2	3		1		3			10	11		9	2	45	10	11	11		
41	7	5					2					5	4		12			5	1	1	2	
42	3	1	1	2	5		3			1		2	31		3	1			2	1	2	
43							13												133			
44	1	1	1				20				1	1					1				1	1
45						1		2		3		2						2				
46	1	1		1	2	5	3	1	1	3	5					1	1				1	1
47	1			1			7		1					3								
48	15	3	37	5	19	5	3	1	1	3	5	24	6		8	36	2	21	64	4	179	1
49	2			1	5						1	5	2		11	1		2	2	1	60	1
50	2								1	2						9	2					

续表

X/Y	A	B	C	D	E	F	G	H	I	J	K	L	M	N	O	P	Q	R	S	T	U	V
51			2		6		5	3	3	3		8				1			207	1		1
52			2												1						1	

注：X 代表研究单元。本书选取耕地占补平衡政策样本共 52 项。Y 代表主题。字母 A~V 为耕地占补平衡相关政策内容的主题词编码，分别为：A—耕地保护；B—占用耕地；C—补充耕地；D—耕地数量；E—耕地质量；F—中央政府；G—地方政府；H—经济效益；I—社会效益；J—生态效益；K—综合效益；L—监管；M—考核；N—国土空间；O—可持续发展；P—生态环境；Q—水资源保护；R—土地开发；S—土地复垦；T—土地整理；U—土地整治；V—农村文化。

资料来源：笔者统计整理。

附录 D Strategic Emerging Industrial Policies of China 2010–2015 and Their Implications*

Rui Sun, Jinxi Wu and Baojuan Liu

Abstract: This paper adopts the method of policy content analysis to conduct a textual and quantitative research on the 80 samples selected from China's strategic emerging industry (SEI) policies from 2010 to 2015. Through constructing a two-dimensional analytical framework of "industry development dimension" and "policy support dimension", this paper makes a statistical analysis on the frequency of certain topic words in China's SEI policies. The results show that China's SEI policies are characterized by focused keywords, R&D and innovation listed as the priority, insufficiency of demand-based policy and change in policy focus, etc. Finally, the paper summarizes the implications of the study.

Key words: Strategic Emerging Industry (SEI); Industrial Policy; Content Analysis

---

* This project is funded by the National Natural Science Foundation of China (71172004) and China Postdoctoral Science Foundation (2014M550758).

Rui Sun, PhD Assistant Researcher, Institute of Science, Technology and Society, School of Social Sciences, Tsinghua University, Beijing 100084, China. E-mail: sunr07@mails.tsinghua.edu.cn.

Jinxi Wu, PhD Associate Professor, Institute of Science, Technology and Society, School of Social Sciences, Tsinghua University, Beijing 100084, China. E-mail: wujx02@mail.tsinghua.edu.cn.

Baojuan Liu, Lecturer, School of Foreign Languages, Hebei University of Science and Technology, Shijiazhuang 050018, China. E-mail: dorothybaobao@163.com.

1. Introduction

The outbreak of the global financial crisis in 2008 had a profound impact on the world economic and political pattern, and this effect will continue to spread and deepen in the whole world. In order to get rid of the crisis and achieve sustainable development, every country pays more attention to the fields of information technology, manufacturing technology and new energy. This trend had a deep effect on the development of the strategic emerging industries in China at the beginning of 21st century. For decades, the rapid growth of China's economy and manufacturing industry has depended on the cost advantage of cheap labor and land at the expense of environmental pollution. At present, considering that the third industrial revolution will have a huge impact on the "low cost advantages", the traditional development mode, which is unable to support China's sustainable development in the future, will face enormous challenges. Therefore, China is under increasing pressure to transform and upgrade its industry. Chinese government realizes that the third industrial revolution has brought a unique strategic opportunity for the breakthrough and upgrading of Chinese manufacturing industry. The essence of the third industrial revolution is the deep integration of information technology, manufacturing technology and new energy. Based on the above understanding, the Chinese government issued a series of policies to support the development of the new generation of information technology, manufacturing technology and energy technology, which are collectively referred to as Chinese strategic emerging industries. With the scientific and technological innovation as the main feature, the strategic emerging industries in China can contribute not only to the birth of new industrial clusters and economic growth, but also to the technology upgrading of the traditional industries.

However, a consensus on the definition of strategic emerging industries has not yet been reached. According to the central leadership's speech and guide-

附录 D Strategic Emerging Industrial Policies of China 2010-2015 and Their Implications

lines issued by the State Council, some Chinese scholars elaborate the concept from two aspects: "strategic" and "emerging". "Strategic" focuses on the industrial restructuring and upgrading of the whole nation; while, "emerging" refers to the emergence of new industries or upgrading of traditional industries.

In recent years, China has introduced a series of public policies to support the development of strategic emerging industries. In 2010, China's State Council issued ***The Decision on Accelerating the Fostering and Development of Strategic Emerging Industries*** (***the SEI Decision***) (〔2010〕32), according to which new energy, new materials, energy saving and environmental protection, new-energy vehicles, new-generation information technology, high-end equipment manufacturing and biotechnology are identified as seven strategic emerging industries (State Council, 2010). In 2012, the State Council issued ***The Twelfth Five-Year Guideline for National Strategic Emerging Industries*** (〔2010〕28), which set a quantitative target for strategic emerging industries to account for 8% of GDP by 2015 and 15% by 2020 (the State Council, 2012).

The contemporary industrial growth shows that the government policy plays an important role in the sustainable development of industrial activities. For example, the United States implemented three main high-tech development strategies and plans in the last century, namely, the Manhattan Project in the 1940s, Apollo Project in the 1960s and the Strategic Defense Initiative in the 1980s. Japan is the world's most successful practitioner of industrial policy, especially in its economic recovery after the World War II and the rapid development of high-tech industries was also pushed by the government. South Korea is a typical country whose economic transformation was dominated by the state. Its government issued different strategic plans and industrial policies at different industrial development stage.

As an emerging economy, China tries to boost its economic growth by developing a more advanced and technology-driven economy. To reach the goal, the concept of SEIs was created and the seven industries were identified hoping that they would become the backbone of the economy. Therefore the governments, both provincial and municipal, play a leading role in the development of SEIs. And the strategic plans and policies made by them become the key factor in determining their development. In fact, the Chinese SEI policy system including policies at the national and local level, objective programming, development plans and specific measures has been improved over the past few years. The types of policies include laws, national plans, regulations, measures and circulations, etc. Altogether, they form a policy system horizontally made up of a number of sector-specific policies and longitudinally constituted by the policies issued by the central and local governments. This paper tries to explore three questions: What are the characteristics of Chinese strategic emerging industrial policies? What kinds of policy tools are used by Chinese government to develop strategic emerging industries? What inspirations can other developing countries get from the analysis on China's strategic emerging industry policies?

So from the perspective of policy analysis, the study mainly focuses on the above three issues to analyze Chinese strategic emerging industrial policies. This article is organized as follows:

The first section introduces the background of the world and China's strategic emerging industrial policies, and puts forward the research questions. In ***the second section***, existing literature about strategic emerging industrial policies is reviewed briefly and a two-dimension analytical framework is constructed. ***The third section*** deals with the research methodology, in which the process of the application of content analysis to Chinese SEI policies is introduced in detail. ***The fourth section*** presents the results of data analysis. ***The fifth section*** highlights the implications of the research. Finally, ***the last section*** is the conclusion of this paper.

附录 D Strategic Emerging Industrial Policies of China 2010-2015 and Their Implications

2. Literature Review

2.1 Can Government Policies Be a Decisive Factor in Emerging Industries Development?

Can governments help develop industries? For scholars associated with the so-called industrial policy (IP) literature, the answer is a vehement "yes". Influential books have been written about how countries such as Japan, South Korea and Taiwan have managed to catch up with developed economies through active governmental policies (Lazzarini, 2015). Peter Evans (1995), a scholar of Princeton University, made a 10 years' investigation of the IT industries in Brazil, India and Korea. Through the study of IT industries, which opens an empirical window to broader theoretical issues, he aims at presenting, arguing and defending that his theory, known as "embedded autonomy", can be applied to analyze the relations between state, society and economic development. Since not only arch-rival economists but also a vice president of the World Bank has recently acknowledged that government policies can be a decisive factor in the economic growth of some countries, namely, the East Asian NICs (Newly Industrializing Countries, NICs), Evans is right in asking the fundamental question about what kind of public intervention can make a difference.

Emerging industries are newly formed or revitalized industries that have been created by technological innovations, changing cost factors, or new consumer demands that elevate a new product or service into a potentially attractive business opportunity (Porter, 1980). Emerging industries operate in growing markets because most potential consumers do not have the product or may not be aware of it, yet there is an increasing demand for the product. The growing market opportunities in the emerging industry attract many competing firms. The intense competition among rival firms in emerging industries creates uncertainty and risk because few of the competitors will survive by the time the industry reaches maturity (Balkin, 1988). Therefore, emerging industrial policies should strengthen the firms' risk management, innovation and teamwork to ensure the rapid development of emerging industries.

Many studies focus on the role of the government in promoting industrial development. We have all learned that "the state is autonomous when state managers have the institutional capacity to choose their own goals and to realize them in the face of conflicting interests", as appropriately phrased by Adam Przeworski (1990). A survey made by Office of Technology Assessment found that over 200 state and local governments are engaged in economic development initiatives (Shelley II, et al., 1990). A study concludes that in India the government has played a key role in the evolution of the automobile industry. In the post-independence era, it was in an overregulation mode, sometimes motivated by ideological reasons and at other times constrained by fiscal resources, stifling domestic competition, shutting the door on foreign firms, and even regulating price (Tiwari, 2011). Those statements are even more relevant for countries that attempt to "manage" their economic development with active industrial policies. It shows clearly the potential scope of government actions as the government is called upon to "make" competitive markets exist, if needed, and that undesirable economic activities should be specifically "forbidden". (Tiwari, 2011). Additionally, governments influence the evolution of industry structures and the level of competition, so that policy factors gain critical importance for formulating and implementing business strategy (Yves, 1986).

However, standing on the "market" side of the spectrum, some other scholars compared how markets and governments respond to differences in preferences. Different interests wear different "hats", as Anderson colorfully demonstrated in his remarks by donning a variety of headgear. Understanding how markets and politics differ is the first step in understanding the role of each in addressing problems (Morris, 2004).

In addition, more researches suggest that multi important plays, changing drivers and political coalitions participate in government decision-making. For example, the electricity market reform in Sweden was held together by a strong

附录 D Strategic Emerging Industrial Policies of China 2010-2015 and Their Implications

market frame, and a firm belief, shared by policy makers, bureaucrats and industrial actors. Following this framing, a range of new actors has entered the field, including companies, consultancies and business associations, and many new businesses. This organizational enlargement has also contributed to widening the decision space (Nisson, 2011).

2.2 What Are the Policy Tools to Develop Strategic Emerging Industries?

One of the most comprehensive classification systems for policy tools is developed by Rothwell and Zegveld (1981), who grouped policy tools into supply side, demand side, and environmental side. According to the above classification, this research divides Chinese SEI policies into the following three categories. Specifically, ***supply side tools*** are those that provide the basic resources for the development of SEI, including information technology, infrastructure and capital investment, etc. In addition, they include direct innovation by government-owned agencies, state industries and research directly supported by government funds such as research grants. ***Environmental side tools*** regulate the operating environment of industrial development by which the government impacts the financial aspect, including planning, financial support, tax incentives and regulatory control, etc.. ***Demand side tools*** have an effect on the stimulation of invention by the demand for new products and services created by public spending and public services. These also include the stimulation or suppression by regulation of demand from overseas and the ability of overseas competitors to operate in the national market. In this research, the demand side tools include government purchases, public service outsourcing and trade controls, etc. (Lin, 2010; Huang, 2011).

The academic literature studies Chinese SEI policies from various perspectives. According to research focus, the classification of SEI policies varies. Categorized by stage, the policy evolution is divided into the preparation stage and the overall start-up stage (Research Topics of Reform Magazine, 2011). According to the policy field, the existing policies include industrial and technological policy, market cultivation policy, international cooperation policy, industrial investment and financing policy, tax policy and policies in other special fields (Zhang and Wang, 2011). The policy instruments consist of four groups, that is, strategic plans, specific measures, support policies, and organization safeguards (Hu et al., 2013). Some latest reviews and evaluations of SEI policies focus on the aspects of the role of government, regional distribution, mode of development, as well as the relationship with finance and other industries (Zeng et al., 2013). As is often the case with policy decision-making and implementation in China, the central government drafts general guidelines and local governments handle direct implementation. Therefore, the local governments play a vital role in the development of strategic emerging industries. By comparing the SEI policies issued by nine provinces in China, several scholars put forward suggestions for the policy-making of local governments (Dong and Tang, 2013). In addition, based on industry life cycle theory, some scholars study policy objectives and measures at each stage of industrial development and build a model of SEI supporting policies in which they are classified into the policies at introduction stage, growth stage, maturity stage and adjustment stage (Fei and Wei, 2013).

2.3 Constructing the Analytical Framework

It can be noted that Chinese central government plays a leading role in promoting the economic and social development over the past few decades. From this point of view, the centralization of the central government is a unique political decision-making process of China. While in the long run, the main way of the government to promote industrial development is to develop industrial policies. However, different from the general public policy, industrial policy-making should follow the rules of industrial development. Therefore, this paper constructs a two-dimensional analytical framework of *industrial development dimension* and *policy support dimension.*

On the one hand is the industrial development dimension. It is widely assumed that *industry life cycle theory* comes from the *product life cycle theory*,

附录 D Strategic Emerging Industrial Policies of China 2010-2015 and Their Implications

proposed by the founder of marketing Theodore Levitt in his article *Exploit the Product Life Cycle*. Theodore believed that the life story of most successful products is a history of their passing through certain recognizable stages: Market Development, Growth, Maturity and Decline (Levitt, 1965). But, some scholars believe that the study of industry life cycle starts with Michael G. and Steven K.'s research on the lifecycles of 46 products, which is considered as the first attempt to develop a theory of the industry evolution (Gort and Klepper, 1982). Their study led to a lot of discussion about industry life cycle and gradually established the classification of the four stages of the industry life cycle (Zhang, 2004). The seven strategic emerging industries have their own unique characteristics and modes of development; therefore, they experience the four stages differently. From the overall perspective of industrial development, this paper regards the life cycle of strategic emerging industries as a long-term process of upgrading the industrial structure so as to further analyze the stage characteristics, common pattern and developing trend of the strategic emerging industries.

On the other hand is the policy support dimension. Like other industries, the life cycle of strategic emerging industries is an "endogenous evolutionary" process. However, industrial policy as an "external force" serves as a design and guidance of the evolutionary process. The importance of strategic emerging industries is reflected in science and technology, sustainable development, national defense and the promotion of other industries. Therefore, the central government became the first organizer of the development of strategic emerging industries and made related policies at different stages of industrial development. Western observers have frequently emphasized the Chinese government's ability to make swift decisions and mobilize significant resources, due to its authoritarian nature. Conversely, opinions from inside China have often attributed the change in economic growth to the benevolence of the Chinese Communist Party (CCP) and of the supreme national leadership (Gilli and Li, 2013). How does the Chinese government intervene in economic behavior through political decision-making ways? Therefore, this study will examine the relationship between "market" and "government" in the context of Chinese SEI policies; it will also evaluate different functions of various actors such as government, enterprises, universities, research institutions and industry alliance in the Chinese strategic emerging industrial development.

3. Methodology

3.1 Application of Content Analysis in Public Policy Analysis

Currently, the method of content analysis as "black box technology" has been widely used in the analysis of the evolution of policies. Its advantage lies in the integrated use of quantitative and qualitative analysis methods that can measure the nature of policy texts on the keywords, issues and trends. Since the release of the SEI Decision, a series of policies and plans have been introduced and adopted to promote the development of the seven innovative industries. The selected policies in this paper are derived from public data, mainly collected from the website of the central government's ministries and domestic innovative industry associations.

3.2 Selecting the Policy Samples

The research samples are chosen from the primary government website and government departments, which can guarantee the authenticity and continuity of the policy samples. This study selects a total of 80 policy documents issued by the Chinese State Council and the Ministries from October 2010 to June 2015, including 845 pages of WORD and PDF files and totally 902321 words. According to the preliminary statistics, the main policy makers are totally 16 government departments on the national level, including the CPC Central Committee, the National People's Congress, the State Council and its functional departments.

In order to ensure the validity and accuracy of the selection of sample policies, all the samples are screened and sorted according to the following principles: Ⅰ. Policy title or content contains the keywords of "strategic emerging industries" (SEI); Ⅱ. Policy makers are the central government and its departments, that is, the macroeconomic policies at the national level are the subjects of this paper; Ⅲ. Considering the large number of the special planning in the seven specific sectors, this paper only selects representative national plans; Ⅳ. Provincial SEI plans and specific measures are not within the scope of this study.

80 sample policies on Chinese strategic emerging industries are sorted and categorized. Ⅰ. According to the date of release, 3 policies issued by the Chinese government in 2010, 11 in 2011, 26 in 2012, 14 in 2013, 16 in 2014 and 10 in the first half of 2015 were chosen. Ⅱ. Due to the fact that policy makers at different levels have different roles to play in the current political system in China, this paper divides the selected policies into 4 categories: those made by the Central Committee of the Communist Party, the State Council, the National Ministries and the inter-institutional coordination groups. Ⅲ. In terms of the policy fields, the current policies involve industrial and technical support, market development, international cooperation, industrial investment and finance, tax incentives and other special policies. Ⅳ. In accordance with the policy types, the sample policies embody in various forms of laws and regulations, national plans, meausres and circulations, etc. Ⅴ. From the perspective of policy tools, these sample policies include three types, supply-side policy, environmental policy and demand-based policy.

3.3 Defining the Analytical Unit

3.3.1 Sorting the Texts

Combined with the "natural coding" and "structured coding", the selected 80 sample policies were coded according to the time of release and natural properties of the policy texts (Table 1).

Table 1 Coding Table of Chinese Strategic Emerging Industrial Policies (2010–2015)

No.	Policy items	Policy-makers	Time
1	Decision on Accelerating the Fostering and Development of Strategic Emerging Industries ([2010] 32)	The State Council	2010
2	On the issuance of Strengthening Regional Capacity-building Industry Innovation-based Guiding Significance (NDRC [2010] 2455)	NDRC	2010
3	National Economic and Social Development Twelfth Five-Year Plan	CPC	2010
4	Government Work Report (2011)	NPC	2011
5	Guiding Catalogue of Industrial Structure Adjustment (2011)	NDRC	2011
...	...	...	...
80	An Opinion to Further Boost Mass Entrepreneurship and Innovation ([2015] 32)	The State Council	2015

Notes: NDRC=National Development and Reform Commission. CPC = the Central Committee of Communist Party. NPC=National People's Congress.
Source: Public Policy documents.

3.3.2 Refining the Keywords

Under the two-dimensional analytical framework of "industrial development dimension" and "policy support dimension", this paper pre-determined **4 standardized principles.** The first is to select the formal terms with high frequency to enhance the concentration of statistics. The second, to select the keywords on the basis of certain hypotheses, for example, this paper intends to study the relationship between policy-makers, so "the central government", "the local government", "enterprises", "state-owned enterprises", "SMEs", "research institutions" and "universities" are selected as certain keywords. The third, to code the text comprehensively, that is, try to cover all relevant entries for a more systematic and thorough research. Finally, to ensure that the keywords are independent of each other, for instance, "independent innovation", "innovative capacity" and "innovation development" are all incorporated into the entry of "innovation".

In accordance with the above principles, this paper identified 31 keywords. Respectively, in industrial development dimension and policy support dimension, they are listed as follows:

Table 2 Selected Keywords of Chinese Strategic Emerging Industrial (SEI) Policies

Code	Keywords	Code	Keywords	Code	Keywords
Industrial Development Dimension					
I-1	R&D	I-2	Demonstration	I-3	Deployment
I-4	Industrialization	I-5	The industrial chain	I-6	Innovation
I-7	Core technology	I-8	Entrepreneurship	I-9	Market demand
I-10	Industrial structure upgrade	I-11	Economic development patterns		
Policy Support Dimension					
P-1	Planning	P-2	Financial support	P-3	Tax incentives
P-4	Regulatory control	P-5	Information technology support	P-6	Infrastructure
P-7	Capital investment	P-8	Government purchases	P-9	Public service outsourcing
P-10	Trade controls	P-11	Human resource training	P-12	Increasing employment
P-13	Government	P-14	State-owned enterprises	P-15	Private enterprises
P-16	SMEs	P-17	Industry alliance	P-18	Universities
P-19	Research institutions	P-20	The Public		

Notes: R&D = Research and Development. SMEs = Small and Medium Enterprises.

3.4 Carrying out Statistical Analysis of Frequency

On the basis of coding the policy texts, this paper carries out statistical analysis of frequency on these sample policies by applying both computational and artificial statistics. Table 3 shows the statistical frequency and proportion of the selected keywords in Chinese SEI policies.

Table 3 Statistical Frequency of Keywords in Chinese Strategic Emerging Industrial (SEI) Policies

Freq. Seq.	Code	Keywords	Total Freq.	Pct. (%)	2010	2011	2012	2013	2014	2015
1	I-1	R&D	3198	18.56	92	823	1100	671	271	241
2	I-6	Innovation	2992	17.36	261	501	807	577	273	573
3	P-1	Planning	778	4.52	43	115	257	191	128	44
4	P-13	Government	765	4.44	38	86	172	138	217	114
5	P-2	Financial support	752	4.36	36	63	241	138	114	160
6	P-20	The public	742	4.31	54	103	151	150	130	154
7	I-2	Demonstration	724	4.20	12	147	254	182	69	60
8	I-8	Entrepreneurship	708	4.11	17	57	81	44	42	467
9	P-11	Human resource training	701	4.07	44	138	227	127	60	105
10	I-3	Deployment	593	3.44	15	78	259	144	42	55
11	P-3	Tax incentives	592	3.44	34	70	172	94	84	138
12	P-7	Capital investment	481	2.79	19	44	150	83	107	78
13	P-12	Increasing employment	469	2.72	19	41	89	74	49	197
14	P-10	Trade controls	449	2.61	8	41	155	36	29	180
15	I-9	Market demand	443	2.57	29	75	145	106	45	43
16	P-4	Regulatory control	432	2.51	23	40	135	85	79	70
17	P-6	Infrastructure	378	2.19	16	42	91	128	87	14
18	I-11	Economic development patterns	269	1.56	34	47	69	77	14	28
19	P-16	SMEs	265	1.54	6	21	74	49	26	89
20	I-5	The industrial chain	236	1.37	5	21	128	56	9	17
21	P-19	Research institutions	197	1.14	9	36	53	42	17	40
22	P-17	Industry alliance	160	0.93	2	34	59	28	21	16
23	P-18	Universities	152	0.88	9	26	31	8	25	53
24	I-7	Core technology	151	0.88	10	33	67	24	1	16
25	I-10	Industrial structure upgrade	132	0.77	10	18	48	30	18	8

附录 D Strategic Emerging Industrial Policies of China 2010-2015 and Their Implications

续表

Freq. Seq.	Code	Keywords	Total Freq.	Pct. (%)	2010	2011	2012	2013	2014	2015
26	P-5	Information technology support	131	0.76	28	19	33	15	21	15
27	I-4	Industrialization	126	0.73	6	29	45	23	10	13
28	P-14	State-owned enterprises	88	0.51	2	10	16	11	37	12
29	P-9	Public service outsourcing	69	0.40	2	20	31	3	6	7
30	P-8	Government purchases	48	0.28	0	5	15	4	14	10
31	P-15	Private enterprises	10	0.06	0	1	4	0	4	1
		Total	17231	100	883	2784	5159	3338	2049	3018

Notes: Freq. = Frequency. Seq. = Sequence. Pct. = Percentage. SMEs = Small and Medium enterprises.

4. Results

Based on the results of the statistical frequency of keywords in Chinese SEI policies, this study systematically analyzed the data of frequency distribution and explored to test the three questions verified before. Obviously, table 3 can clearly show the total frequency sorting of all the keywords, change in the frequency of the sample policies from 2010 to 2015, as well as policy themes and trend analysis.

Through the frequency statistic (Table 3), the above analysis shows that Chinese SEI policies have features of focused keywords, R&D and innovation listed as the priority, insufficiency of demand-based policy and change in policy focus.

4.1 Focused Keywords

In the 31 selected keywords in sample policies on Chinese strategic emerging industries, the top 10 keywords are: R&D, innovation, planning, government, financial support, the public, demonstration, entrepreneurship, human resource training and deployment. The 10 words appear 11953 times, accounting for 69.37% of the total frequency of the sample keywords. The results show that the sample policies basically center on several thematic words. And the Chinese SEI policy system belongs to a relatively concentrated "discourse pedigree" (see Fig. 1).

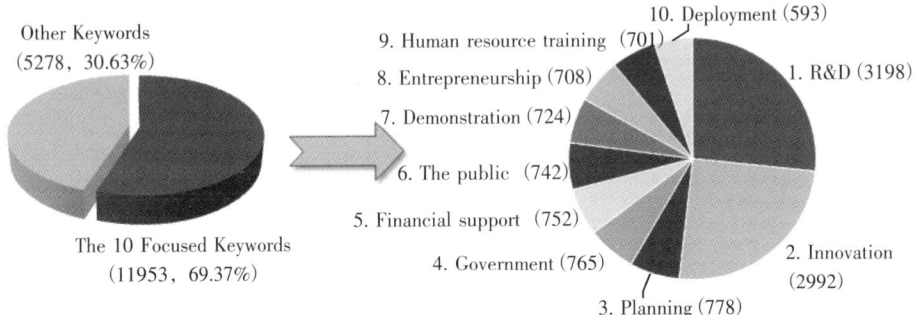

Figure 1　Focused Keywords on Chinese SEI Policies

4.2　R&D and Innovation Listed as the Priority

R&D is the basis for the development of strategic emerging industries. The keyword "R&D" occurs 3198 times accounting for 18.56% of the total frequency, and ranks almost the first continuously from 2010 to 2015. The results show that the Chinese government attaches great importance to the research and development of strategic emerging industries.

"Innovation" occurs 2992 times and ranks the second in the frequency sequence. "Innovation" has been reflected in various aspects, such as technology innovation, knowledge innovation, management innovation, cultural innovation, innovation capacity, innovation and development, independent innovation, original innovation, integrated innovation, innovation systems and industrial technology innovation alliances. Thus, innovation has become the first key element of the development of Chinese SEI policies (see Fig. 2).

附录 D Strategic Emerging Industrial Policies of China 2010–2015 and Their Implications

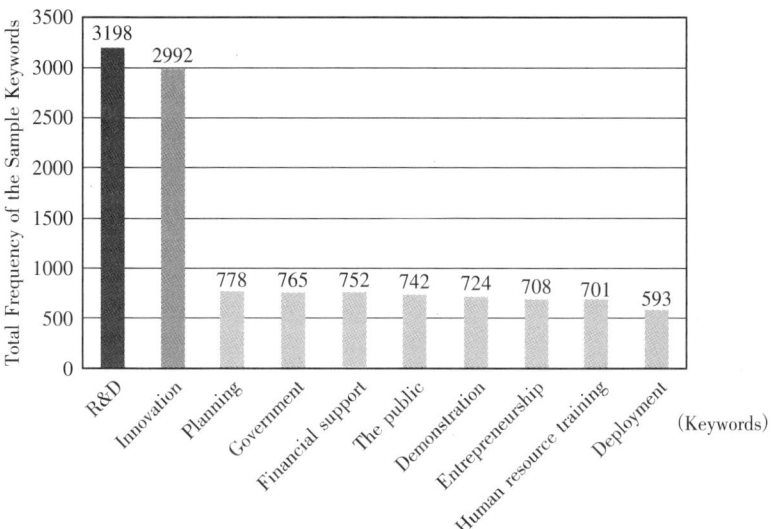

Figure 2 Statistical Frequencies of Keywords on Chinese Strategic Emerging Industrial Policies

4.3 Insufficiency of Demand-based Policy

According to the previous literature, the paper divides the basic Chinese SEI policy tools into three types. Table 3 shows that the majority of Chinese SEI policies belong to environmental type, counted 2554 times including planning (778), financial support (752), tax incentives (592) and regulatory control (432). The supply-side policy totally occurs 990 times including capital investment (481), infrastructure (378) and information technology support (131). However, the demand-based policy occurs 566 times including trade controls (449), public service outsourcing (69) and government purchases (48) (see Fig. 3).

Obviously, the Chinese government attaches great importance to environmental policy at this stage. As shown in table 3, the guidelines and developmental plans play significant role in the early stage of Chinese strategic emerging industries, which fully reflect the guiding ideology, development principles and goals of the central government. However, these guidelines and plans also fully embodies the distinctive characteristics of "TOP-DOWN" in Chinese po-

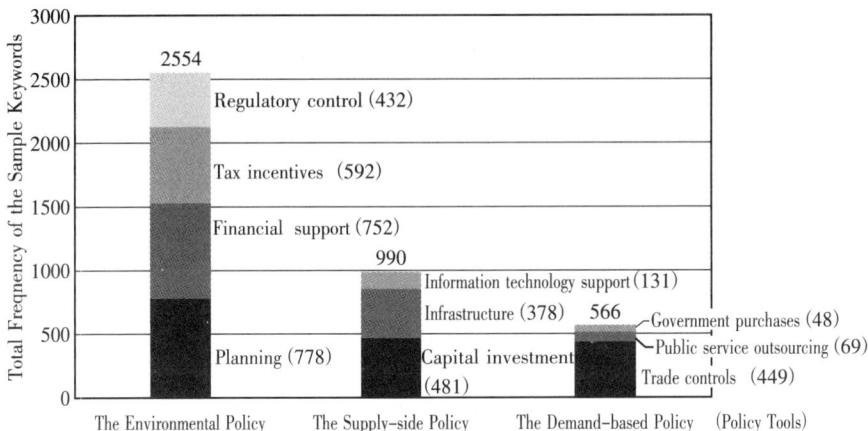

Figure 3 Chinese SEI Policy Tools

litical decision-making process, for instance, "Unity" and "Synchronization" may fail to take into account the regional differences, therefore in practice it is very difficult to implement the policy nationwide. Also, the various guidelines and plans tend to make the policy objectives obscure and lack of focus. In addition, the National Ministries and the inter-institutional coordination groups make plans from their respective functions, which will inevitably lead to "policy content overlapping" and "unclear division of powers"…, which will undoubtedly pose many obstacles in the subsequent process of technology innovation, market development and policy improvement.

The supply-side policy also receives constant attention. In this paper, the frequency statistics of "Capital investment" is 481, ranks the twelfth in the frequency sequence. The Ministry of Finance and NDRC set up "Strategic Emerging Industrial Development Funds" and issued management measures.

However, it shows the statistical data of "Demand-based Policy" relevant to "Government purchases", "Public service outsourcing" and "Trade controls" is significantly lower.

This indicates that Chinese government paid more attention to promoting the environmental and supply-side SEI policies than demand-based policies. Due to the fact that the seven sectors of Chinese strategic emerging industries are at the

附录 D　Strategic Emerging Industrial Policies of China 2010–2015 and Their Implications

early stage of the industry life cycle, the market demand is relatively small. Therefore, the government needs to play an active role in planning industrial development and guiding the market demand. Leaving room for customer demand to play its role: Even in a country with strong public policy support, there will always be customers who are ready to do their bit in achieving targets more quickly or beyond government targets (Wustenhagen and Bilharz, 2004).

4.4　Change in Policy Focus

Through the comparison of the data over the years from 2010 to 2015, it can be seen that the policy focuses are changing. The number of policy samples in 2012 is the largest (26 items), and the total policy frequency is 5159 times, ranking the first in recent years. Policies released in 2012 includes the National Twelfth Five Year Plan on various specific industrial fields, such as electronic information manufacturing industry, integrated circuit industry, solar photovoltaic industry, the next generation Internet, and software & information technology services, etc. However, in contrast to 2012, the policy characteristics in 2015 reflect 3 significant upward trends, which are "the public" (54 in 2010, 154 in 2015), "entrepreneurship" (17 in 2010, 467 in 2015) and "universities" (9 in 2010, 53 in 2015).

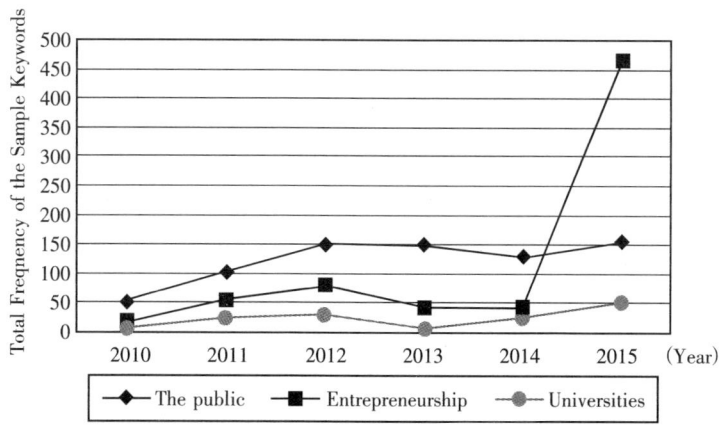

Figure 4　Changes in Policy Focus 2010–2015

Firstly, it is satisfactory that the public interest is fully valued by the Chinese government. The statistics of "the public" occurs 742 times and ranks the sixth in the frequency sequence. And in the formulation of the policy from 2010 to 2015, the public interest receives constant attention.

Secondly, in order to accelerate the implementation of innovation driven development strategy, Chinese government issued *Opinions on Deepening the Reform of the System and Mechanism to Accelerate the Implementation of Innovation Driven Development Strategy* in March 2015, which put forward an opinion to further boost mass entrepreneurship and innovation. Therefore, the keyword "entrepreneurship" has been paid attention by the state, which occurs 17 (2010), 57 (2011), 81 (2012), 44 (2013), 42 (2014) and rises to 467 (2015).

Thirdly, as an important part of the national innovation system, universities occupy an important position in the national innovation system and play a more and more important role. It shows that "universities" occurs 152 times with frequency increasing from 9 (2010) to 53 (2015). Therefore, with knowledge and scientific advantage, the university will play a greater role in the cooperation of industry, university and research.

5. Implications

Nowadays, globalization and knowledge influence the development of all countries in the world. The third industrial revolution has brought a rare strategic opportunity for the development of the manufacturing industry in the developing countries. In the era of innovation 2.0, developing countries may no longer imitate the developed countries. Of course, the development of emerging industries is the opportunity to catch up with the developed countries. This article analyzes Chinese SEI policies from 2010 to 2015, which will give some inspirations to developing countries.

First, Chinese government makes SEI policies according to industry life

附录 D Strategic Emerging Industrial Policies of China 2010-2015 and Their Implications

cycle. Guideline should be formulated at the introduction stage, establishing the guidelines, general principles and developmental goals and serving as a programmatic document for a series of policies that follow. In the industrial development period, the government should develop several strategic plans steps by steps and at different levels, which not only make an outline of the SEI, but also specify the objectives. It is necessary to highlight the overall design, focus on the vital and leave much room for the policy design of industrial development in various sectors. When the industries develop steadily in the mature stage, which rely mainly on market rules rather than government intervention, government needs to take appropriate market-based measures to improve the legal system, to develop the industry standards, as well as to perform administrative supervision. Of course, it is necessary for the government to make a positive adjustment to overcome the drawbacks before the decline stage, so as to achieve a more favorable industry development cycle. Accordingly, under the two-dimension of "industrial development" and "policy support", the analysis on Chinese SEI policies will help the government to make more forward-looking, scientific and rational decisions.

Second, from the perspective of policy system, Chinese SEI policy is a policy system constituted by a number of policies. The policy system is not only made up of a number of sector-specific policies but also constituted by the policies issued by the central and local governments. Meanwhile, the development of Chinese SEI policies can be also seen as a process of agenda setting, decision making, policy formulation, legalization, implementation and evaluation. The policy communities which should involve a wide range of participants take part in every stage of the policy process. Although the main policy actors, such as the State Council and NDRC participate in most phases, there are always different actors involved at different stages. This shows that the policy community is different in various stages of the policy process. Meanwhile, the main actors are included in the policy community, which ensures equal status among all members, and facilitates effective communication and interaction. Particularly, due to the different political systems and institutions in China, most state-owned enterprises affiliated with the higher administrative bodies, are still essentially simple production sectors under the planned economic system. The business operators are not really entrepreneurs, who are good at management, but lack business experience. China's specific conditions determine the leading role that government plays in the policy community which is highly restricted by legislation. Therefore, both in China and other developing countries, the government should take the initiative to establish community access mechanism as an "organizer and guide" to cooperate with enterprises, industry associations, the media and the public to develop and improve industrial policies.

Third, the Chinese SEI policies from the supply side are particularly appreciated. However, the stimulating effect from the demand side cannot be ignored either. Compared with the stable performance, quality assurance, acceptable price and complete service of the traditional products, the emerging industries are faced with technical instability, high costs, unclear market prospects and insufficient consumer cognition. Therefore, the development of emerging industries depends not only on the technology development, policy support and institutional environment, but also on the "breakthrough innovation" of the business model, in order to build business networks based on supply-demand balance as well as industry ecosystem. Consumer attitudes play an important role in the development of emerging industries (Wu, 2011). After the global financial crisis of 2008, countries around the world attach great importance to guiding the development of emerging industries from the demand side. In terms of policy instruments, if the government takes the lead in applying new technologies, it will stimulate the demand for advanced products and services. Moreover, the government can act as a fastidious customer and helps to establish standards of product performance (Michael E., 2002; Wu and Li, 2012). The government should promote the application of new technologies, new products and new instruments in the national infrastructure, and strengthen the promotion of industry propaganda mechanism to transform people's life style, mode of production and ways of thinking.

附录 D　Strategic Emerging Industrial Policies of China 2010-2015 and Their Implications

6. Conclusions

Emerging industrial policy formulation is a key issue for any government, especially in the era of globalization and knowledge today. The Chinese government actively formulates SEI policies to guide the development of emerging industries. Existing literature has affirmed that the government policies can be a decisive factor in emerging industries development; and the supply side, demand side and environmental side policies are commonly used policy tools. This research is aimed at Chinese SEI policies, a case of government-led industry development. So the main goal of this article is to analyze the characteristics of Chinese SEI policies, and evaluate policy tools commonly used by Chinese government. Based on the establishment of a two-dimensional analysis framework, the method of content analysis is used in this paper. By selecting the policy samples, defining the analytical framework (sorting the texts, refining the keywords, etc.) and carrying out the statistical frequency, this paper presents the results of data analysis as focused keywords, R&D and innovation as the key elements obviously, insufficiency of demand-based policy and change in policy focus. The results indicate the characteristics of Chinese SEI policies, and the lessons and implications to other developing countries. Not only that, the timely adjustment of Chinese SEI policies, the difference between the policies of emerging industries and traditional industries, and the specific situation of the policies on emerging industries in different countries are all the blueprints that this paper provide for scholars, governors and practitioners.

NOTES

[1] "*Strategic Guidance on the Promotion of International Development of*

Strategic Emerging Industries ([2011] 310)" was issued by 10 ministries jointly in 2011. The 10 ministries include Ministry of Commerce, National Development and Reform Commission, Ministry of Science and Technology, Ministry of Industry and Information Technology, Ministry of Finance, Ministry of Environmental Protection, General Administration of Customs, State Administration of Taxation, Administration of Quality Supervision and Intellectual Property Office.

[2] "*Opinions on Building the Next Generation of the Internet Development Twelfth Five-Year Plan*" was developed by 4 national ministries combined with research institutions. Those ministries are National Development and Reform Commission, Ministry of Industry and Information Technology, Ministry of Education and Ministry of Science and Technology. The research institutions are Chinese Academy of Science and Chinese Academy of Engineering.

REFERENCE

Balkin D. B. (1988). Compensation Strategy for Firms in Emerging and Rapidly Growing Industries. *Human Resource Planning*, Vol. 11 Issue 3, 207–213.

Ding Y. Z. (2012). Decision-making in Complex Environments–Reading "Decision Points". *China Development Observation*, Issue 2, 61–62.

Dong X. Y. and Tang S. S. (2013). Comparison of Local Government Policy on the Development of Strategic Emerging Industries. *Science & Technology Progress and Policy*, Vol. 30 Issue1, 119–123.

Evans P. (1995). *Embedded Autonomy: States and Industrial Transformation*. Princeton: Princeton University Press.

Fei Z. L. and Wei W. (2013). Government Policies to Support Strategic Emerging Industries—Based on the Consideration of Industry Life Cycle. *Science & Technology Progress and Policy*, Vol. 30 Issue 1, 104–107.

Gilli M. and Li Y. (2013). A model of Chinese central government: The role of reciprocal accountability. *Economics of Transition*, Vol. 21 Issue 3, 451–

477.

Gort M. and Klepper S. (1982). Time Paths in the Diffusion of Product Innovations. *The Economic Journal*, Issue 92, 630–653.

Hu S. Q., Zhan Z. M., Qian R. and Zhang F. (2013). Studies on the Policy Instrument System about Developing of Strategic Emerging Industry—Based on Content Analysis of Policies. *Scientific Management Research*, Vol. 31 Issue 3, 66–69.

Hu W. and Shi K. (2006). Understanding Public Policy: "Policy Network" Approach. *Journal of SJTU (Philosophy and Social Sciences)*, Vol. 4 Issue 14, 17–24.

Huang C., Su J., Shi L. P. and Cheng X. T. (2011). Textual and Quantitative Research on Chinese Wind Energy Policy System from the Perspective of Policy Tools. *Studies in Science of Science*, Vol. 29 Issue 6, 876–889.

Lazzarini S. G. (2015). Strategizing by the Government: Can Industrial Policy Create Firm-Level Competitive Advantage? *Strategic Management Journal*, Issue 36, 97–112.

Levitt T. (1965). Exploit the Product Life Cycle. *Harvard Business Review*, Nov.–Dec., 81–94.

Lin G. T-R, Chang Y-H and Shen Y-C. (2010). Innovation policy analysis and learning: Comparing Ireland and Taiwan. *Entrepreneurship & Regional Development*, Vol. 22, Nos. 7–8, November–December, 731–762.

Marsh D. (ed. 1998). *Comparing Policy Network*. Buckingham and Philadelphia: Open University Press.

Morris A. P. (2004). Symposium: the Roles of Markets and Governments. *Case Western Reserve Law Review*, Vol. 55 Issue 1, 47–49.

Nilsson M. (2011). Changing the Decision Space: European Policy Influence on Energy Policy and Systems. *Public Administration*. Vol. 89, No. 4, 1509–1525.

Peng J. Z. (1982). The Role of Japanese Council System in Economic Decision-making. *Modern Japanese Economy*, Issue 2, 9–11.

Porter M.E. (1980). *Competitive Strategy*. New York: Free Press.

Porter M. E. (2002). *The Competitive Advantage of Nations*. Beijing:

Huaxia Press.

Przeworske A. (1990). *The State and the Economy under Capitalism.* Switzerland: Harwood Academic Publishers.

Research Topics of Reform Magazine (2011). The Strategic Emerging Industry: Policy Evolution and Theory Innovation. *Chongqing Social Sciences*, Issue 1, 46–51.

Rhodes R. A. W. (1997). *Understanding Governance.* Buckingham: Open University Press.

Rothwell and Zegveld. (1981). *Industrial innovation and public policy.* London: Frances Printer Ltd.

Shelley II M. C., Woodman W. F., Reichel B. J. and Kinney W. J. (1990). State legislators and economic development: University–industry relationships and the role of government in biotechnology. *Policy Studies Review*, Vol. 9 Issue 3, 455–470.

Su J. and Zhang H. W. (2012). From R&D to R&3D: A Framework for New Energy Technology Innovation and Its Policy Implication: Perspective of Full Life Cycle. *China Soft Science*, Issue 3, 93–99.

The State Council (2010, October). Decision on Accelerating the Fostering and Development of Strategic Emerging Industries ([2010] 32). 18th, October, 2010. Retrieved from http://www.gov.cn/zwgk/2010 -10/18/content_1724848.htm.

Tiwari R., Herstatt C. and Ranawat M. (2011). *Benevolent Benefactoror Insensitive Regulator? Tracing the Role of Government Policies in the Development of India's Automobile Industry.* Honolulu, East–West Center.

Wu J. X. (2011). A Comprehensive Framework to Understand Innovation Culture and Its Policy. *China Soft Science*, Issue 5, 65–73.

Wu J. X. and Li X. Z. (2012). The Role & Function of Local Government in the Development of Strategic Industries. *Science of Science and Management of S. & T.*, Vol. 33 Issue 8, 117–122.

Wustenhagen R. and Bilharz M. (2004). Green energy market development in Germany: effective public policy and emerging customer demand. *Energy Policy*, doi: 10.1016/j.enpol.2004.07.013.

Yves L.D. (1986). Government Policies and Global Industries. In Porter, M. E., ed. 1986. *Competition in Global Industries*. Boston, Massachusetts: Harvard Business School Press.

Zhang H. H. (2004). On the Theory of Industry Life Cycle. *Finance and Trade Research*, Issue 6, 7–11.

Zhang Y. Z. and Wang J. F. (2011). Policy Review of Fostering Strategic Emerging Industry. *Scientific Management Research*, Vol. 29 Issue 2, 1–6.

Zhao D. Y. (2011). *Public Policy Community, Instruments and Process*. Shanghai: Shanghai People's Publishing House.

Zeng F. H., Peng Z. and Chen X. (2013). Review and Evaluation of the Latest Development of Strategic Emerging Industries Policy. *Science & Technology Progress and Policy*, Vol. 30 Issue 14, 155–160.

附录 E 个人简历及博士后期间的主要研究成果

个人简历

孙蕊，女，1978年生，管理学博士，中国政法大学政治与公共管理学院讲师，清华大学社会科学学院博士后，曾在加拿大西安大略大学（The University of Western Ontario）访问学习一年。研究领域为公共政策、创新管理、科技治理。讲授课程主要有"管理学原理""创新理论前沿""创新理论与公共管理"等。

博士后期间的主要研究成果

1. 博士后研究报告

《公共政策分析视角下的科技创新研究》

2. 学术期刊论文

[1] 孙蕊. 中国创新政策演变过程及周期性规律 [J]. 科学学与科学技术管理，2016，37（3）：13-20.（CSSCI）（中国人民大学复印报刊资料转载，2016年第5期. 荣获《科学学与科学技术管理》2016年度十佳论文.）

[2] 吴金希，孙蕊，马蕾. 科技治理体系现代化：概念、特征与挑战 [J]. 科学学与科学技术管理，2015，36（8）：3-9.（CSSCI）（中国人民大学复印报刊资料转载，2015年第11期.）

[3] 孙蕊，吴金希. 我国战略性新兴产业政策文本量化研究 [J]. 科学学与科学技术管理，2015，36（2）：3-9.（CSSCI）

[4] 孙蕊，孙萍，吴金希，张景奇. 中国耕地占补平衡政策的成效与局限 [J]. 中国人口·资源与环境，2014，24（3）：41-46.（CSSCI）

［5］孙蕊，孙萍，吴金希，张景奇.耕地占补平衡政策主体互动模式探究：基于政策网络的视角［J］.中国人口·资源与环境，2014，24（11）S3：213-216.（CSSCI）

［6］孙蕊，孙萍，张景奇，吴金希.内容分析方法在公共政策研究中的应用［J］.广东农业科学，2014（4）：196-200.（核心期刊）

［7］孙蕊，孙萍，吴金希.我国耕地占补平衡政策研究进展［J］.安徽农业科学，2014，42（1）：330-333.

［8］张景奇，孙萍，孙蕊.城市蔓延理性与中国城市理性蔓延探究［J］.城市规划，2014，38（7）：31-36.（CSSCI）

［9］张景奇，孙萍，孙蕊.从"蔓延控制"到"蔓延治理"——美国城市蔓延应对策略转变及内因剖析［J］.城市规划，2015，39（3）：74-80.（CSSCI）

3. 会议论文

［1］吴金希，孙蕊.从我国战略性新兴产业政策发展脉络看京津冀区域创新政策［A］.京津冀协同发展的展望与思考［M］.北京：首都经济贸易大学出版社，2014：146-149.

［2］Sun R.（2014）. Data-analysis on Chinese Strategic Emerging Industry Policy：A Quantitative Study Based on Content Analysis ［In］. *International Symposium on Enhancing the Capability of Publishing Papers and Influencing International Academy for Chinese Young Scholars in Public Management*，Apr. 26-27，Beijing，China.

［3］Sun R., Wu J. X. and Liu B. J.（2014）. Analysis of Strategic Emerging Industrial Policies on the Level of Central Government in China ［In］. *Open Journal of Social Sciences* ［C］（ISSN：2327-5952）. Hans Publishers，2014：76-80. Presented at the 8th International Conference on Management and Service Science（MASS 2014），August 24-26，Suzhou，China.

4. 合著

吴金希，［日］松野丰，孙蕊.借鉴与转型：中日产业政策比较研究［M］.北京：清华大学出版社，2015.

5. 科研项目

［1］大数据背景下我国耕地保护政策文本量化研究，中国博士后科学基金第55批面上项目（2014M550758），项目主持。

〔2〕基于创新生态观的科技治理体系现代化研究，中国博士后科学基金第8批特别资助项目（2015T80103），项目主持。

〔3〕基于全球创新网络的中国产业生态体系进化机理研究，国家自然科学基金（71172004），主要承担者。

〔4〕中日产业政策比较研究：从1960到1990年代，国际合作项目，主要承担者。

〔5〕Managerial Coaching, Team Innovation and Team Cohesion: The Relative Importance of a Supporting Manager Versus a Supporting Organizational Culture，国际合作项目，主要承担者。

6. 教学工作

〔1〕教授研究生跨学科课程"创新理论前沿"；教授本科生课程"管理学原理""创新理论与公共管理"等。

〔2〕荣获"中国政法大学第十四届青年教师教学基本功大赛优秀奖"，2016年12月，中国政法大学。

〔3〕担任清华大学战略新兴产业研究中心学术课程"Leadership, Conflict and Innovation"助教，2014年2月，清华大学。

〔4〕担任清华大学海外学者学术课程"变革时代的冲突管理与领导力"（Leading in Times of Change）助教，2014年5月，清华大学。

〔5〕担任清华大学战略新兴产业研究中心学术课程"洞察客户心理，提升客户体验——客户心理分类的差异化营销策略"助教，2014年11月，清华大学。

参考文献

[1] 中共中央关于全面深化改革若干重大问题的决定 [N]. 人民日报, 2013-11-16.

[2] 俞可平. 论国家治理现代化 [M]. 北京：社会科学文献出版社, 2015：3, 15.

[3] Eggers W. D. Government 2.0: Using Technology to Improve Education, Cut Red Tape, Reduce Gridlock, and Enhance Democracy [M]. Lanham: Rowman & Littlefield Publishers, Inc., 2007.

[4] 马亮, 于文杆, 吴伟. 公共服务提供、绩效测评与政府信任：连氏公共管理国际会议综述 [J]. 甘肃行政学院学报, 2014（1）：4-16, 124.

[5] 中央政府门户网站. 中共中央、国务院关于深化体制机制改革加快实施创新驱动发展战略的若干意见 [EB/OL]. [2015-03-23]. http://www.gov.cn/xinwen/2015-03/23/content_2837629.htm.

[6] Kettl D. F. The Global Public Management Revolution: A Report on the Transformation of Governance [M]. Washington: Brookings Institution Press, 2005.

[7] 杨绎. 基于文献计量的"大数据"研究 [J]. 图书馆杂志, 2012, 31（9）：29-32, 37.

[8] Bizer C., Boncz P., Brodie M. L. The Meaningful Use of Big Data: Four Perspectives-Four Challenges [J]. ACM SIGMOD Record, 2012, 40（4）：56-60.

[9] 李钢, 蓝石. 公共政策内容分析方法：理论与应用 [M]. 重庆：重庆大学出版社, 2007：3, 10, 15, 81.

[10] 中国社会科学语言研究所词典编辑室. 现代汉语词典（第6版）[M]. 北京：商务印书馆, 2012：1679.

[11] 朱熹. 四书章句集注 [M]. 北京：中华书局, 1983.

［12］维基百科［EB/OL］.［2014-10-13］. http：//zh.wikipedia.org/wiki/%E7%AE%A1%E6%B2%BB.

［13］UNESCAP. What is Good Governance［R/OL］.［2009-07-10］. http：//www.unescap.org/resources/what-good-governance.

［14］Mark Bevir. Governance：A Very Short Introduction［M］. Oxford, UK：Oxford University Press, 2012.

［15］［美］玛丽·奥沙利文. 公司治理百年：美国和德国公司治理演变［M］. 黄一义等译. 北京：人民邮电出版社, 2007：43-71.

［16］World Bank. Managing Development—The Governance Dimension［R］. Washington D. C., 1991：1.

［17］Applebaugh J.（rapporteur）, Governance Working Group, power-point presentation, National Defense University and ISAF, 2010, slide 22; cited in Wikipedia［EB/OL］.［2015-02-26］. http：//en.wikipedia.org/wiki/Governance#cite_ref-20.

［18］IMF. The IMF's Approach to Promoting Good Governance and Combating Corruption—A Guide［EB/OL］.［2005-06-20］. http：//www.imf.org/external/np/gov/guide/eng/index.htm.

［19］任声策, 陆铭, 尤建新. 公共治理理论述评［J］. 华东经济管理, 2009, 23（11）：134-137.

［20］Stoker Gerry. Governance as Theory：Five Propositions［J］. International Social Science Journal, 1998（50）：17-28.

［21］W. Polt, J. Schindler. Governance in Austrian Information Society Policy［R］. 2004; cited in OECD. Governance of Innovation Systems：Synthesis Report［R］. Paris：OECD Publishing, 2005：24.

［22］胡鞍钢. 中国国家治理现代化的特征与方向［J］. 国家行政学院学报, 2014（3）：4-10.

［23］胡鞍钢. 治理现代化的实质是制度现代化——如何理解全面深化改革的总目标［J］. 人民论坛, 2013（11）：20-23.

［24］王名, 蓝煜昕. 社会新政：从管理到治理［J］. 前线, 2014（6）：52-54.

［25］王名. 治理创新重在政社分开［J］. 人民论坛, 2014（4）：40-41.

［26］汪玉凯. 用信息化推动城市治理现代化［J］. 中国经济和信息化,

2014（3）：83.

[27] 孙蕊，张景奇.治理理论对于违法用地遥感监查系统的改进研究[J].资源科学，2013，35（3）：561-568.

[28] 中国共产党新闻网.习近平：切实把思想统一到党的十八届三中全会精神上来 [EB/OL].[2014-01-01].http://cpc.people.com.cn/n/2014/0101/c64094-23995311.html.

[29] 中国改革论坛网.姜明安：现代国家治理的五大特征 [EB/OL].[2014-11-04].http://www.chinareform.org.cn/gov/governance/Report/201411/t20141104_210875.htm.

[30] [美] 塞缪尔·亨廷顿.变化社会中的政治秩序 [M].李盛平，杨玉生译.北京：华夏出版社，1998：32.

[31] 陈亮.国家治理现代化：理论诠释与实践路径 [J].重庆社会科学，2014（9）：35-42.

[32] 薛澜.顶层设计与泥泞前行：中国国家治理现代化之路 [J].公共管理学报，2014，11（4）：1-6，139.

[33] 张润君.治理现代化要素论 [J].西北师大学报（社会科学版），2014，51（6）：112-117.

[34] 何增科.国家治理及其现代化探微 [J].国家行政学院学报，2014（4）：11-14.

[35] 杜飞进.中国现代化的一个全新维度——论国家治理体系和治理能力现代化 [J].社会科学研究，2014（5）：37-53.

[36] 郭广生，肖念，王绽蕊，齐书宇.美国州立大学科技创新治理体系现代化的启示 [J].中国高校科技，2014（8）：4-6.

[37] 陈敬良，匡霞.西方政策网络理论研究的最新进展及其评价 [J].上海行政学院学报，2009，90（3）：97-105.

[38] Klijin E. H. Analyzing and Managing Policy Processes in Complex Networks: A Theoretical Examination of the Concept Policy Network and Its Problems [J]. Administration & Society, 1996, 28 (1): 90-119. 转引自：朱亚鹏.公共政策研究的政策网络分析视角 [J].中山大学学报（社会科学版），2006（3）：80-83.

[39] 唐丽敏.当前我国城市化进程中征地拆迁矛盾研究——基于政策网络视阈 [D].吉林大学博士学位论文，2009.

[40] [加] 迈克尔·豪利特. 公共政策研究——政策循环与政策子系统 [M]. 庞诗译. 北京：生活·读书·新知三联书店，2006. 转引自：王春福. 政策网络与公共政策效力的实现机制 [J]. 管理世界，2006（9）：137-138.

[41] 任勇. 政策网络的两种分析途径及其影响 [J]. 公共管理学报，2005，2（3）：55-59. 转引自：王春福. 政策网络与公共政策效力的实现机制 [J]. 管理世界，2006（9）：137-138.

[42] 赵德余. 公共政策共同体、工具与过程 [M]. 上海：上海人民出版社，2011：37-38，41，143.

[43] R. A. W. Rhodes. Understanding Governance [M]. Buckingham: Open University Press, 1997: 7-9.

[44] Wilks S., Wright. M. Conclusion: Comparing Government-industry Relations: States, Sectors and Networks [M]. Oxford: Clarendon Press, 1987: 274-313.

[45] 李允杰，丘昌泰. 政策执行与评估 [M]. 北京：北京大学出版社，2008. 转引自：唐丽敏. 当前我国城市化进程中征地拆迁矛盾研究——基于政策网络视阈 [D]. 吉林大学博士学位论文，2009.

[46] Atkinson, Michael Coleman, William. Strong States and Weak States: Sectoral Policy Networks in Advance Capitalist Economy [J]. British Journal of Political Science, 1989（19）：54. 转引自：宋琳琳. 中国建筑节能政策网络研究 [D]. 东北大学博士学位论文，2012.

[47] 朱春奎. 政策网络与政策工具：理论基础与中国实践 [M]. 上海：复旦大学出版社，2011：11.

[48] 卫庆国. 政策网络理论述评 [J]. 广东广播电视大学学报，2009（2）：84-87.

[49] [挪] 詹·法格博格等. 牛津创新手册 [M]. 柳卸林等译. 北京：知识产权出版社，2009.

[50] 吴金希. 创新生态体系的内涵、特征及其政策含义 [J]. 科学学研究，2014，32（1）：44-51，91.

[51] OECD. Governance of Innovation Systems: Synthesis Report [R]. Paris: OECD Publishing, 2005: 7.

[52] OECD. OECD Science, Technology and Industry Outlook [R]. Paris: OECD Publishing, 2012. DOI: http://dx.doi.org/10.1787/sti_outlook-

2012-en.

[53] 陈劲. 科学、技术与创新政策 [M]. 北京：科学出版社，2013：6，268.

[54] 方新. 中国科技体制改革——三十年的变与不变 [J]. 科学学研究，2012，30（10）：1441-1443.

[55] 王元. 深化科技体制改革的若干思考[J]. 科学与社会，2012(3)：34-36.

[56] 穆荣平. 创新系统功能分析模型构建及应用 [J]. 科研管理，2014，35（3）：1-7.

[57] 柳卸林. 基于创新生态观的科技管理模式 [J]. 科学学与科学技术管理，2015，36（1）：18-27.

[58] 方新. 深化科技体制改革，加快国家创新体系建设——首届中国科技政策论坛 [J]. 科学学研究，2012，30（10）：1441-1443.

[59] 中央政府门户网站. 关于深化科技体制改革加快国家创新体系建设的意见 [EB/OL]. [2012-09 23]. http：//www.gov.cn/jrzg/2012-09/23/content_2231413.htm.

[60] [美] 约瑟夫·熊彼特. 经济发展理论 [M]. 北京：商务印书馆，2000：73-74.

[61] 陈劲，王飞绒. 创新政策：多国比较和发展框架 [M]. 杭州：浙江大学出版社，2005.

[62] 范柏乃，段忠贤，江蕾. 中国自主创新政策：演进、效应与优化 [J]. 中国科技论坛，2013（9）：5-12.

[63] 刘会武，王胜光. 创新政策系统分析：钻石模型的提出及应用 [J]. 科学管理研究，2009，27（4）：6-9.

[64] 林迎星. 我国创新政策的历史演变及其特点 [J]. 科技进步与对策，2003（1）：10-12.

[65] 刘凤朝，孙玉涛. 我国科技政策向创新政策演变的过程、趋势与建议——基于我国289项创新政策的实证分析[J]. 中国软科学，2007（5）：34-42.

[66] 程华，王婉君. 我国创新政策的演变——基于政策工具的视角 [J]. 未来与发展，2011（9）：16-19，27.

[67] 苏英. 创新政策理论基础的演变及启示 [J]. 科技创新导报，2010

(33): 226-227.

[68] 周寄中. 科学—社会学 [M]. 合肥: 中国科学技术大学出版社, 1991.

[69] 伍蓓, 陈劲, 王姗姗. 科学、技术、创新政策的涵义界定与比较研究 [J]. 科学学与科学技术管理. 2007 (10): 68-74.

[70] 国家科学技术委员会. 中国科学技术政策指南 [M]. 北京: 科学技术文献出版社, 1986-1999.

[71] 张永安, 李晨光. 创新科技政策及其三阶段周期研究 [J]. 科学学与科学技术管理, 2012, 33 (4): 19-26.

[72] [日] 小宫隆太郎, 奥野正宽, 铁村兴太郎. 日本的产业政策 [M]. 黄晓勇, 吕文忠, 韩铁英译. 北京: 国际文化出版公司, 1988.

[73] 谢凤华, 孙衍收. 产业政策: 反思与评价研讨会综述 [J]. 科技管理研究, 2008 (10): 41-43.

[74] Hodeler R. Industrial Policy in an Imperfect World [J]. Journal of Development Economics, 2009 (90): 85-93.

[75] 百度百科. 经济政策 [EB/OL]. http://baike.baidu.com/view/142653.htm, 2014.

[76] 连燕华. 技术创新政策概论 [J]. 科学管理研究, 1998 (10): 7-12.

[77] Rothwell R. Public Innovation Policy: To Have or to Have not [J]. R&D Management, 1986, 16 (1): 34-63.

[78] 鲍克. 市场经济中的技术创新政策 [J]. 科学学研究, 1994, 12 (4): 47-54.

[79] 范柏乃, 段忠贤, 江蕾. 创新政策研究述评与展望 [J]. 软科学, 2012, 26 (11): 43-47.

[80] 罗伟, 连燕华. 技术创新与政府政策 [M]. 北京: 人民出版社, 1996.

[81] OECD. Innovation Policy [R]. Paris: OECD, 1982.

[82] Lundvall B. A., Borras S. Science, Technology and Innovation Policy [M]. New York: Oxford University Press, 2005.

[83] 彭纪生, 仲为国, 孙文祥. 政策测量、政策协同演变与经济绩效: 基于创新政策的实证研究 [J]. 管理世界, 2008 (9): 25-36.

[84] 魏宜瑞，何吉成.技术政策与科技发展规划研究［J］.技术经济与管理研究，1991（6）：56-57.

[85] 桑悰.欧洲联盟创新政策浅析［D］.中国社会科学院研究生院博士学位论文，2002.

[86] 贾蔚文，马驰，汤世国.技术创新——科技与经济一体化发展的道路［M］.北京：中国经济出版社，1994.

[87] 徐大可，陈劲.创新政策设计的理念和框架［J］.国家行政学院学报，2004（4）：26-29.

[88] 郑曙东.政策生命周期论析［J］.政策，1994（3）：53-54.

[89] 马海韵.政策生命周期：决策中的前瞻性考量及其意义［J］.安徽师范大学学报（人文社会科学版），2012，40（3）：348-352.

[90] 刘立.改革开放以来中国科技政策的四个里程碑［J］.中国科技论坛，2008（10）：3-5，23.

[91] OECD.中国创新政策研究报告［M］.薛澜，柳卸林，穆荣平等译.北京：科学出版社，2011：44.

[92] 国务院办公厅.国务院关于加快培育和发展战略性新兴产业的决定（国发〔2010〕32号）［EB/OL］. http://www.gov.cn/zwgk/2010-10/18/content_1724848.htm，2010.

[93] 李克强.积极发展新能源和节能环保等战略性新兴产业［EB/OL］. http://www.cfen.com.cn/web/meyw/2009-10/15/content_565875.htm，2009.

[94] 改革杂志社专题研究部.战略性新兴产业：政策演进与理论创新［J］.重庆社会科学，2011（1）：46-51.

[95] 张嵎喆，王俊沣.培育战略性新兴产业的政策评述［J］.科学管理研究，2011，29（2）：1-6.

[96] 胡赛全，詹正茂，钱悦，张峰.战略性新兴产业发展的政策工具体系研究——基于政策文本的内容分析［J］.科学管理研究，2013，31（3）：66-69.

[97] 曾繁华，彭中，陈曦.战略性新兴产业发展政策研究最新进展文献综述及评价［J］.科技进步与对策，2013，30（14）：155-160.

[98] 董晓宇，唐斯斯.我国地方政府发展战略性新兴产业的政策比较［J］.科技进步与对策，2013，30（1）：119-123.

[99] 费钟琳，魏巍.扶持战略性新兴产业的政府政策——基于产业生

命周期的考量［J］. 科技进步与对策, 2013, 30 (3): 104-107.

［100］Theodore Levitt. Exploit the Product Life Cycle［J］. Harvard Business Review, 1965 (11-12): 81-94.

［101］Michael Gort, Steven Klepper. Time Paths in the Diffusion of Product Innovations［J］. The Economic Journal, 1982 (92): 630-653.

［102］张会恒. 论产业生命周期理论［J］. 财贸研究, 2004 (6): 7-11.

［103］黄萃, 苏竣, 施丽萍, 程啸天. 政策工具视角的中国风能政策文本量化研究［J］. 科学学研究, 2011, 29 (6): 876-889.

［104］吴金希. 理解创新文化的一个综合性框架及其政策涵义［J］. 中国软科学, 2011 (5): 65-73.

［105］［美］迈克尔·波特. 国家竞争优势［M］. 北京: 华夏出版社, 2002: 603-630.

［106］吴金希, 李宪振. 地方政府在发展战略性新兴产业中的角色和作用［J］. 科学学与科学技术管理, 2012, 33 (8): 117-122.

［107］傅超, 郑娟尔, 吴次芳. 建国以来我国耕地数量变化的历史考察与启示［J］. 国土资源科技管理, 2007 (6): 68-72.

［108］陈百明, 李世顺. 中国耕地数量下降之剖析［J］. 地理科学进展, 1998, 17 (3): 43-50.

［109］［英］安德鲁·海伍德. 政治学［M］. 张立鹏译. 北京: 中国人民大学出版社, 2006: 466.

［110］陈振明. 政策科学原理［M］. 厦门: 厦门大学出版社, 1993: 19.

［111］中共中央, 国务院. 进一步加强土地管理, 切实保护耕地的通知 (中央11号文件)［EB/OL］. http://sh.focus.cn/news/2003-03-14/42673.html, 1997.

［112］第九届全国人大常委会. 中华人民共和国土地管理法［EB/OL］. http://www.china.com.cn/chinese/law/647616.htm, 1998.

［113］王秀芬, 陈百明, 毕继业. 新形势下中国耕地总量动态平衡分析［J］. 资源科学, 2005, 27 (6): 28-33.

［114］郑新奇. 耕地总量动态平衡几个理论问题的思考［J］. 中国土地科学, 1999, 13 (1): 32-37.

［115］付邦道, 郑新奇. 再论耕地总量动态平衡［J］. 中国土地科学, 2004, 18 (4): 38-42.

[116] 李明秋. 耕地占补平衡制度的理性思考 [J]. 安徽农业科学, 2007, 35 (34): 11181-11182, 11185.

[117] 黄继辉. 耕地总量动态平衡的公共政策分析 [J]. 资源与产业, 2007, 9 (1): 40-43.

[118] 李彦芳, 张侠. 耕地保护重在质量 [J]. 经济论坛, 2002 (14): 103-104.

[119] 王世忠, 胡文霞, 刘卫东. 我国耕地占补平衡制度的研究 [J]. 农机化研究, 2007 (8): 13-15.

[120] 国土资源部. 国家土地督察公告 (第 5 号) [EB/OL]. http://www.mlr.gov.cn/zwgk/zytz/201204/t20120428_1091878.htm, 2012.

[121] 艾建国. 耕地总量动态平衡政策效果分析及对策 [J]. 农村改革, 2003 (6): 45-51.

[122] 刘培, 李辉, 郭伟哲, 杨婧. 基于农用地分等定级的耕地占补平衡问题研究 [J]. 中国集体经济, 2008 (5): 32-33.

[123] 路婕. 全国统一的耕地占补平衡按等级折算研究 [D]. 北京: 中国地质大学博士学位论文, 2011.

[124] 濮励杰, 黄贤金, 彭补拙. 耕地总量动态平衡政策体系研究 [J]. 南京大学学报 (自然科学版), 2011, 37 (6): 757-765.

[125] 谭永忠, 吴次芳, 王庆天等. "耕地总量动态平衡"政策驱动下中国的耕地变化及其生态环境效应 [J]. 自然资源学报, 2005, 20 (5): 727-733.

[126] 唐菊华, 吕昌河. 我国城市化过程中实施耕地占补平衡的问题与对策 [J]. 安徽农业科学, 2008, 36 (9): 3837-3839, 3902.

[127] 蔡运龙, 俞奉庆. 中国耕地问题的症结与治本之策 [J]. 中国土地科学, 2004, 18 (3): 13-17.

[128] 钟兰艳. 中国实现耕地总量动态平衡——异地补偿的研究 [J]. 吉林农业大学学报, 2007, 29 (5): 538-541.

[129] 蔡银莺, 张安录. 规划管制下农田生态补偿的研究进展分析 [J]. 自然资源学报, 2010, 25 (5): 868-880.

[130] 王梅农. 我国耕地占补平衡政策的变迁及今后走向 [J]. 安徽农业科学, 2010, 38 (33): 19034-19037, 19059.

[131] 肖碧林, 陈印军, 陈静. 当前中国耕地占补平衡的宏观形势与

特征[J].中国农学通报,2009,25(8):299-302.

[132] 吴群.中国耕地保护的体制与政策研究[M].北京:科学出版社,2011:107-110.

[133] 徐艳,张凤荣,颜国强等.关于建立耕地占补平衡考核体系的思考[J].中国土地科学,2005,19(1):44-48.

[134] 田密.试析我国的耕地"占补平衡"[C].中国环境科学学会学术年会优秀论文集,2007:105-108.

[135] 何志明.试析耕地总量动态平衡政策的实施[J].浙江国土资源,2005(9):39-42.

[136] 张传新.我国当前耕地保护政策完善探析[J].广东农业科学,2010(12):207-209.

[137] 谭荣,曲福田.中国农地非农化与农地资源保护:从两难到双赢[J].管理世界,2006(12):50-59.

[138] 国土资源部.国土资源公报[EB/OL].http://www.mlr.gov.cn/zwgk/tjxx/200710/t20071025_659740.htm,2002.

[139] 国家统计局.中国统计年鉴[M].北京:中国统计出版社,2003.

[140] 国家统计局.中国统计年鉴[M].北京:中国统计出版社,2011.

[141] 国土资源部.关于进一步加强土地整理复垦开发工作的通知(国土资发〔2008〕176号)[EB/OL].http://www.mlr.gov.cn/xwdt/zytz/200809/t20080909_109951.htm,2008.

[142] 国土资源部.关于全面实行耕地先补后占有关问题的通知(国土资发〔2009〕31号)[EB/OL].http://www.mlr.gov.cn/xwdt/zytz/200903/t20090323_116715.htm,2009.

[143] 国务院.关于深化改革严格土地管理的决定(国发〔2004〕28号)[EB/OL].http://www.gov.cn/zwgk/2005-08/12/content_22138.htm,2004.

[144] 国土资源部.关于加强占补平衡补充耕地质量建设与管理的通知(国土资发〔2009〕168号)[EB/OL].http://www.mlr.gov.cn/wszb/20090612qmpxxxgtzygb_1_2_1/beijingziliao/200912/t20091221_130234.htm.

[145] 徐绍史.中国耕地大量减少势头遏制[N].人民日报(海外版),2012-12-26.

[146] 国家统计局. 中国统计年鉴 [M]. 北京：中国统计出版社，2012.

[147] 国家统计局. 中国统计年鉴 [M]. 北京：中国统计出版社，2010.

[148] 人民网. 2012年国内生产总值519322亿元，同比增长7.8% [EB/OL]. http://finance.people.com.cn/n/2013/0118/c1004-20247617.html，2013.

[149] 凤凰网. 计生委：未来20年将有3亿农民进城 [EB/OL]. http://city.ifeng.com/cshz/bj/20120504/256958.shtml，2012-05-05.

[150] United States. General Accounting Office. Content Analysis: A Methodology for Structuring and Analyzing Written Material [M]. Boston: Houghton Mifflin Company，1989：7-12.

[151] 国土资源部. 全国土地整治规划（2011~2015）[EB/OL]. http://www.mlr.gov.cn/sy_2633/gd1/201207/P020120702604393721984.doc，2012.

[152] 钟水映，李魁. 中国工业化和城市化过程中的农地非农化[M]. 济南：山东人民出版社，2009：10.

[153] 蒋省三，刘守英，李青. 中国土地政策改革：政策演进与地方实施 [M]. 上海：上海三联书店，2010：6.

[154] 经济合作与发展组织. 中国治理 [M]. 中国科学院—清华大学国情研究中心译. 北京：清华大学出版社，2007：295.

[155] 刘玲，王慧. 我国农地非农化监管存在的问题与对策 [J]. 重庆社会科学，2007（12）：13-21.

[156] 张飞，曲福田，孔伟. 我国农地非农化中政府行为的博弈论解释 [J]. 南京社会科学，2009（9）：72-78.

[157] 胡金荣. 政策网络研究综述[J]. 生产力研究，2007（13）：139-141.

[158] 曲福田，谭荣. 中国土地非农化的可持续治理 [M]. 北京：科学出版社，2010：148.

[159] 中国政府网. 中华人民共和国土地管理法 [EB/OL].（2005-05-26）[2011-05-15]. http://www.gov.cn/banshi/2005-05/26/content_989.htm.

[160] 王时中. 现代政府管理通论 [M]. 南京：江苏人民出版社，1999：4-5.

[161] 曲福田. 土地行政管理学 [M]. 北京：中国农业出版社，2003：34.

[162] 陈宏辉，贾生华. 企业利益相关者三维分类的实证研究 [J]. 经济研究，2004（4）：4.

[163] 孙蕊，孙萍，吴金希，张景奇. 中国耕地占补平衡政策的成效与局限 [J]. 中国人口·资源与环境，2014，24（3）：41-46.

[164] 孙蕊，孙萍，张景奇. 我国农地非农化乱象中政府角色的政策网络分析 [J]. 东北大学学报（社会科学版），2012，14（2）：136-141.

[165] [美] 威廉·N.邓恩. 公共政策分析导论 [M]. 谢明，杜子芳等译. 北京：中国人民大学出版社，2010.

[166] Bobrow Davis B., John S. Dryzek. Policy Analysis by Design [M]. Pittsburgh, PA: University of Pittsburgh Press, 1987.

[167] Song G., Zhang N., Meng Q. Innovation 2.0 as a Paradigm Shift: Comparative Analysis of Three Innovation Modes [C]. Proceedings of the 2009 International Conference on Engineering Management and Service Sciences, Beijing, China, 2009.

[168] 宋刚，唐蔷，陈锐等. 复杂性科学视野下的科技创新 [J]. 科学对社会的影响，2008（2）：28-33.

[169] 宋刚，孟庆国. 政府2.0：创新2.0视野下的政府创新 [J]. 电子政务（E-GOVERNMENT），2012（2-3）：53-61.

后 记

从事博士、博士后研究工作的五年时光已经结束。百感交集中，我衷心感谢所有关心、支持和帮助过我的老师、亲人和朋友！

感谢我的博士导师孙萍教授、合作导师吴金希教授！他们深厚的学术造诣、严谨的治学风格，为我提供思想指引和方法启迪，使我在公共政策、创新管理和科技治理等方面的研究得以拓展和延伸。他们高尚的为人为学思想、达观豁达的处世哲学在潜移默化中已成为我学习、工作、生活的强大精神动力源泉，必将使我终身受益！

感谢母校的各位领导、老师、同窗和同事！他们给予我的所有真诚、关爱甚至是微笑，是我人生中的宝贵财富。他们的点点滴滴都化作一种叫作"文化"的东西，融进我的血液，成为我今后努力工作、为母校争光的不竭动力。

感谢课题组的各位同事和研究生。每一次学术研讨、思想碰撞、生活小憩……每个片段都铭刻在我记忆深处，让我回味。

本项目获得"中国博士后科学基金面上项目第55批二等资助"和"中国博士后科学基金第8批特别资助"，对此表示感谢！

在近年的学习、研究经历中，我收获的除了师生之情、同学之情和朋友之情，还有我的父母、爱人和女儿给予我的无尽的爱、无私的奉献、无限的理解与宽容、无时无刻不在的陪伴呵护，使我每一点收获、每一滴艰辛、每一个日夜，都充满爱的阳光，让我温暖，让我幸福，让我真正懂得了生活的美好！

光阴似箭，我深深地懂得，这是一段幸福旅程的结束，更是我学术道路的开始。博士、博士后期间我从学生转变为一名研究者，我将满怀着他们给予我的启迪、真诚、勤奋、理性、逻辑……继续努力前行，漫步在学术人生的康庄大道上！

孙 蕊

2017年12月